基本の**あいさつ**から**意見**まで
自分のことばでしっかり答える

英会話1000本ノック

🧢 英会話コーチ
スティーブ・ソレイシィ

はじめに

　「1000本ノック」とは日本野球が生んだ究極の練習法。コーチがなんと1000回ボールを打って、選手に一本一本守備をさせるもの。これを通過した人は一人前の野球選手になれる登竜門だという。
　「英会話ノック」とは、コーチ（Me）から次々と質問や話すキッカケを選手（You）に打ち、選手がそれを受け続けるもの。でも、効率性を重んじる僕は、僕なりの1000本ノック、つまり厳選した大切な質問・会話のきっかけだけを提供する。絶対に無駄なノックは打たない。例えば「今、座ってますか？」とか「2たす2は？」とか「goodの反対語は？」とか「あなたの髪は何色？」のようなものは打たない。もうひとつ、この本から削除した「ムダノック」は「類義ノック」。例えば、「好きな食べものは？」とか「お気に入りの料理は？」とか「どんな料理が好き？」のような数通りの似た質問をひとつに絞ったということ。だから、打つのは、実際に言われる可能性が最も高いものだけ。そうすると、選手であるあなたも、ひとつひとつの厳選した価値あるノックに対して自分のベストな受け答えを作って言う価値とやる気が出てくるはず。

　リアルなコミュニケーションには2種類ある。それは、1. あいさつなどの定番的なやりとりと、2. それ以外の自由な会話。
　だから、本書でもこれに沿って、2種類のノックを打つ。それは、「定番ノック」と「会話ノック」。本書中、前者は100本、後者は900本。「定番ノック」は、主に、こう聞かれたらこう答えるというあいさつのノックの中から、もっとも定番的なものを100本選んだ。しっかり定番表現で受け答えられることが目標だ。
　もうひとつの「会話ノック」は、本書では「3Hノック」と呼んでいる。これらには、正しい受け答え方と正しくない受け答

え方がある。正しくないものは、「ひと言答えて、あとはシーン」というパターン。これは世間には通用しない。でも、ひと言のあとの言葉が続かない人も実際多いだろう。

　そこで、本書で初めて考案した「3H受け答え方式」。それは、質問に対して、「ひとこと（Hitokoto）」でまず答え、次に「補足（Hosoku）」し、そして会話に「はずみ（Hazumi）」をつけるべく相手に球を投げ返す、というスリー・ステップの受け答え方。この「3H受け答え方式」さえ身につければ、どんなことを聞かれても、どんな質問がきても大丈夫。「怖いノック知らず」になれる。

　もうひとつ、手がかりとして、各3Hノックの受け答え方のサンプル（答えの例）をふたつずつ掲載した。でもこれは、あくまで参考にしてもらうためのもの。暗記したり音読したりするためのものではない。会話ノックに、自分で自由に応対できるようになることがこの本の目標。だって自分のことを自分の好きに話してこそ、英会話の楽しさもわいてくるはずだからね。

　そして、『英会話1000本ノック』をやり遂げて達成した方は、間違いなく英会話人生の節目を迎えられるにちがいないと確信している。みなさんの会話力が飛躍的に伸びることを心より願っています。Good luck!　You can do it!

2006年2月
英会話コーチ
スティーブ・ソレイシィ

CONTENTS

はじめに ··· 2
本書の基本的な考え方と構成 ······································ 8
定番ノックの使い方 ··· 14
3Hノックの使い方 ··· 42
CDの構成 ··· 12

Chapter 1
英会話定番ノック100   ノック数100本

定番ノックは定型的な会話のパターンを身につけるためのノック。頭でわかっているだけではなく、考えないで口から返事が出てくるまでしっかり練習しよう。

Unit 1　最重要トップ10定番あいさつノック ················· 16
Unit 2　答えに困るノック ··································· 18
Unit 3　通りがかりのノック ································· 20
Unit 4　オウム返しでOKノック ······························· 22
Unit 5　別れ際のあいさつノック ····························· 24
Unit 6　丁寧な依頼ノック ··································· 26
Unit 7　海外旅行中のトップ10ノック ························· 28
Unit 8　いきなり情報を求めるノック ························· 30
Unit 9　訪問先でのトップ10ノック ··························· 32
Unit 10　キチンとあいづちが必要なノック ···················· 34

　　　　定番ノック変化球編 ································· 36

Chapter 2から4は、同じ質問を3つのラウンドで返す本書の中心3Hノック。Round 1「ひとこと＝Hitokoto」、Round 2「補足=Hosoku」、Round 3「はずみ=Hazumi」と、最初にキャッチした球を相手に投げ返していく練習。

Chapter 2
ベイシック文型ノック　ノック数110×3H＝330本／累計430本

最初は、Do you...? Are you...? Did you...?など、Yes / Noで受けやすいノックからスタート。まず、自分はどうなのか、ひと言で素早く答えることからはじめよう。

Unit ❶ Do you...? ………………………………… 46
Unit ❷ Are you...? ………………………………… 52
Unit ❸ Did you...? ………………………………… 58
Unit ❹ Do you...often? …………………………… 64
Unit ❺ Where...? …………………………………… 70
Unit ❻ What...? …………………………………… 76
Unit ❼ When...? …………………………………… 82
Unit ❽ Who...? …………………………………… 88
Unit ❾ How...? …………………………………… 94
Unit ❿ What do you do...? ………………………… 100
Unit ⓫ Why...? …………………………………… 106

CONTENTS

Chapter 3

ステップアップ文型ノック　ノック数60×3H＝180本／累計610本

やや複雑な文のパターンでまとめた60種類180本のノック。Questionの文のパターンと答え方をしっかり身につけ、3ラウンド3Hで答えよう。

- Unit ❶ Have you...? ……………………………………… 114
- Unit ❷ A or B? ………………………………………… 120
- Unit ❸ How+形容詞...? …………………………………… 126
- Unit ❹ How do you like...? …………………………… 132
- Unit ❺ Don't you...? [否定疑問文] ……………………… 138
- Unit ❻ ..., isn't it? [付加疑問文] ……………………… 144

Chapter 4

トピック・ノック　ノック数120×3H＝360本／累計970本

本当の会話でよく話題になってくる120種類360本のノック。答えるのはすべてあなた自身のこと。このノックを打ち返すことができれば、日常会話にも自信がつくよ。

- Unit ❶ いちばん好きなもの　Favorites ……………… 154
- Unit ❷ 家族　Family ……………………………………… 160
- Unit ❸ 天気　Weather …………………………………… 166
- Unit ❹ 自分の仕事　Career ……………………………… 172
- Unit ❺ 毎日の生活　Your Daily Life …………………… 178
- Unit ❻ 自分の故郷・家　Where You Live …………… 184

Unit ⑦	メディア　Media	190
Unit ⑧	健康　Health	196
Unit ⑨	自然・環境　Nature & the Environment	202
Unit ⑩	日本について　About Japan	208
Unit ⑪	愛と友情　Romance & Friendship	214
Unit ⑫	お金　Money	220

Chapter 5

仕上げノック　ノック数30本／累計1000本

1000本ノックもいよいよ大詰め、最後の30本。どのくらいノックを返せるようになったか、力を試してみよう。

Unit ①	Making Friends [Part 1]　機内編	228
Unit ②	Making Friends [Part 2]　旅先編	231
Unit ③	Final Interview　英語で面接	234

スティーブのコラム

言葉の万歩計は英会話力のバロメーター	38
よく聞かれる質問とネタ帳	40
あなたはボーリング型？　バスケット型？	112
日本語と英語の赤信号	150
10〜20SPMをめざそう	152
僕のコーチ歴	226

本書の基本的な考え方と構成

「1000本ノック」って何？

話せるようになるためには、話す練習を

「中学高校6年間英語を勉強してきたのにまだ話せない」というあなた。それは、「英会話に向いていない」とか「能力がない」ということでは決してありません。ただ、「話す練習」をしてこなかっただけ。つまり、単に「英語を話す経験を積んでこなかっただけ」なのです。

「話せるようになりたいのなら、話す練習をせよ」。これが鉄則。

そこで、「1000本ノック」。これは、ズバリ「話す練習」をするものです。

❶ **たくさんの数をこなすこと。たくさんの英語を自分で話すこと。**

ここに「1000」の意味があります。次に、

❷ **あなたがこれからこの「1000本ノック」で話す英語は、「借り物」ではなく、「自分の英語」であること。**

ここに「1000本ノック」のもうひとつ重要な意味があります。テキストに載っている例文を丸暗記しても、音読してもそれは所詮「他人のもの」。自分の財産にはなりません。自分で表現した英語こそ、自分のモノになるのです。その数をカウントしながら増やしていくことが必要です。自分の「言葉の万歩計」のメーターの高さ（数の多さ）と会話力は比例します。あなたも自分の「英会話の万歩計」を今日から持ち歩いて、ひとつでも多くのことを自分の英語で言うようにしてください。

CDは1000の質問のみ

CDには僕の質問のみを収録しています。あなたは、質問のあとのポーズの間に自分の言葉で答える練習をしてください。

「模範解答」はありません。だから、質問のみ収録しています。

ただ、実際の応答例を知りたい、参考にしたいという方のために、本書には、回答例を2種類示しています。また、質問の回答例を実際に音声で聞いてみたいという方は、ダウンロード版『英会話1000本ノック&キャッチ』を入手してください。これは、質問と本書掲載例の見本音声、および本書の例とは違う回答例などもあわせて収録したものです。（詳しくはp.237）

『英会話1000本ノック』の構成

本書の「1000本ノック」の内訳は次のようになっています。

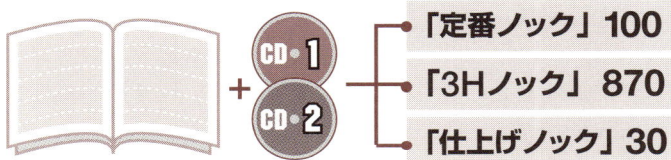

- 「定番ノック」100
- 「3Hノック」870
- 「仕上げノック」30

では、順番にそれぞれの「ノック」(の例と効能)をみていきましょう。

1 「定番ノック」100 — こう聞かれたら、こう答えよ

Chapter 1

Good morning!と言われたら、あなたは何と答えますか。ほぼ100パーセントの人がGood morning!と返します。これが、ここでいう「定番ノック」。つまり、「定型的な会話パターン」のことです。英語では、この定型応答パターンの数は限られています。このほとんどすべてを、まず「定番ノック」で練習します。「定型的な会話パターン」を「借り物」ではなく、自分のモノとして徹底的に覚え込み使えるようにしておきましょう。

定番ノックの例

Good morning. ▼ Good morning.	Excuse me. ▼ Yes?
Bless you. ▼ Thank you.	Take care. ▼ Thanks. You too!

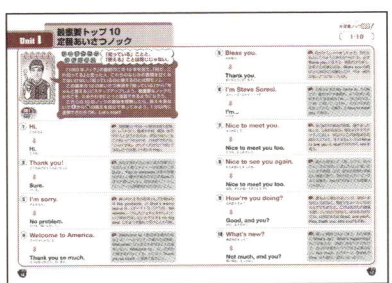

定番ノックの効能
1. 基本的なあいさつ表現をほぼすべてマスター。
2. 瞬発的に応答できるようになる。
3. 丁寧な表現で相手に好印象を残せるようになる。

本当の会話の骨組みをつかむ
2 「3Hノック」870　Chapter 2,3,4

　Do you have a car?（車、持っていますか）と聞かれたら、あなたはどう答えますか。"Yes, I do." あるいは "No, I don't."???　もし、これ「だけ」だとしたら、文法的には合っているけど会話とは言えません。本当の会話とは、何か聞かれたらまず「ひとことで答え」、次に「補足し」、そして会話に「はずみをつける聞き返しをする」3ステップが基本。これが本物の会話の基本的な「骨組み」なのです。「3Hノック」は、会話の基本スキルを育成するトレーニングです。

3Hノックの例

ひとつの同じ質問に、3回、文をひとつずつ足しながら答えます。

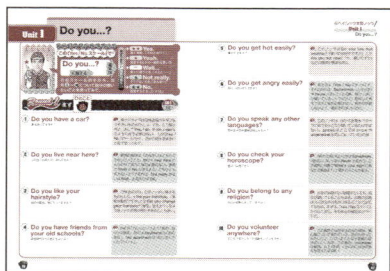

Q Do you have a car?
車、持ってますか。

第1ラウンド
Hitokoto ▶ポーズ　約3秒

Yeah. はい。

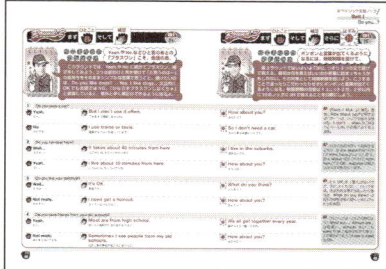

第2ラウンド
Hosoku  ▶ポーズ　約7秒

Yeah. But I don't use it often. でもあまり運転しませんね。

第3ラウンド
Hazumi  ▶ポーズ　約10秒

Yeah. But I don't use it often. How about you? あなたは？

本書の基本的な考え方と構成

| 3Hノックの効能 | ❶ 会話の基本スキルが身につく。
❷ 自分についてあらゆることを表現する土台ができる。 |

3 英語面接もOK!「仕上げノック」30

Chapter 5

　いよいよ最後のチャレンジです。これまで受けてきた970本のノックで培った会話力を総動員してがんばって挑戦しましょう。

　ここでは3つのリアルなシチュエーションで、10本連続ノックを受けていただきます。

　その3つの場面とは、「飛行機の中で隣り合った人と会話する」「パリに1週間観光旅行に行って、旅先でたまたま知り合った人と会話する」「英語で面接を受ける」というものです。

　この「仕上げノック」では、英検やTOEIC SWなどの英語のインタビューテスト、英語での就職面接などに通用する力を養成します。

　こうして「1000本ノック」を制覇したら、あなたもたいていの会話ができるようになっているはず。どんなノックも返せるグローブを手にしているはずです。

CDの構成

CD 1

Track	Unit/Round
1	はじめに
2	Chapter 1 Unit 1
3	Unit 2
4	Unit 3
5	Unit 4
6	Unit 5
7	Unit 6
8	Unit 7
9	Unit 8
10	Unit 9
11	Unit 10
12	3Hの説明
13	Chapter 2
	Unit 1　Round 1
14	Unit 1　Round 2
15	Unit 1　Round 3
16	Unit 2　Round 1
17	Unit 2　Round 2
18	Unit 2　Round 3
19	Unit 3　Round 1
20	Unit 3　Round 2
21	Unit 3　Round 3
22	Unit 4　Round 1
23	Unit 4　Round 2
24	Unit 4　Round 3
25	Unit 5　Round 1
26	Unit 5　Round 2
27	Unit 5　Round 3
28	Unit 6　Round 1
29	Unit 6　Round 2
30	Unit 6　Round 3
31	Unit 7　Round 1
32	Unit 7　Round 2
33	Unit 7　Round 3
34	Unit 8　Round 1
35	Unit 8　Round 2
36	Unit 8　Round 3
37	Unit 9　Round 1
38	Unit 9　Round 2
39	Unit 9　Round 3
40	Unit 10　Round 1
41	Unit 10　Round 2
42	Unit 10　Round 3
43	Unit 11　Round 1
44	Unit 11　Round 2
45	Unit 11　Round 3
46	Chapter 3
	Unit 1　Round 1
47	Unit 1　Round 2
48	Unit 1　Round 3
49	Unit 2　Round 1
50	Unit 2　Round 2
51	Unit 2　Round 3
52	Unit 3　Round 1
53	Unit 3　Round 2
54	Unit 3　Round 3
55	Unit 4　Round 1
56	Unit 4　Round 2

CD 2

Track	Unit/Round
1	Unit 4　Round 3
2	Unit 5　Round 1
3	Unit 5　Round 2
4	Unit 5　Round 3
5	Unit 6　Round 1
6	Unit 6　Round 2
7	Unit 6　Round 3
8	Chapter 4
	Unit 1　Round 1
9	Unit 1　Round 2
10	Unit 1　Round 3
11	Unit 2　Round 1
12	Unit 2　Round 2
13	Unit 2　Round 3
14	Unit 3　Round 1
15	Unit 3　Round 2
16	Unit 3　Round 3
17	Unit 4　Round 1
18	Unit 4　Round 2
19	Unit 4　Round 3
20	Unit 5　Round 1
21	Unit 5　Round 2
22	Unit 5　Round 3
23	Unit 6　Round 1
24	Unit 6　Round 2
25	Unit 6　Round 3
26	Unit 7　Round 1
27	Unit 7　Round 2
28	Unit 7　Round 3
29	Unit 8　Round 1
30	Unit 8　Round 2
31	Unit 8　Round 3
32	Unit 9　Round 1
33	Unit 9　Round 2
34	Unit 9　Round 3
35	Unit 10　Round 1
36	Unit 10　Round 2
37	Unit 10　Round 3
38	Unit 11　Round 1
39	Unit 11　Round 2
40	Unit 11　Round 3
41	Unit 12　Round 1
42	Unit 12　Round 2
43	Unit 12　Round 3
44	Chapter 5
	Unit 1
45	Unit 2
46	Unit 3
47	終わりに
48	ダウンロード版の紹介

英会話定番ノック100

まず、Thank you. と言われたら、Sure.と答えるようなあいさつ表現を中心とした、定型的な会話のパターンをマスターしよう。
一見、やさしそうにみえるけれども、知っていることと使えることは違う。自分で安心して使えるようになるまで、CDでノックを受けながら練習しよう。

ノック数100

定番ノックの使い方

「定番ノック」って何？

　「定番ノック」では、主に定型的なあいさつ表現とその答え方をマスターします。ここでは全部で、100の最もよく聞かれる応答パターンを選びました。

　日本語にも、「ありがとう」→「どういたしまして」。「大丈夫ですか」→「大丈夫です、お気遣いなく」のように定番化した応答表現がありますね。英語にも、このような日本語の例と同じものから、英語独特のあいさつ表現など、やはり「こう聞かれたら、こう答えるべし」という定番表現があるのです。それを練習するのが「定番ノック」です。

「定番ノック」各ユニットの使い方

  本を見て、10組の定番ノックと応答パターン、そしてその意味を理解。

中学で習う基礎的な英文が中心です。だから、簡単。でもおさらいしておきましょう。

  本を見て、10本の定番ノックに対して、自分で答えてみましょう。

答えの英文を隠して、ノックを見ただけで答えを言えるようになりましょう。1分以内に全10問が答えられればOK。

  CDを使って、聞こえてくる英語のノックに素早く答える練習をしましょう。

CDには、それぞれ答えるのに適当なポーズが入っています。最初はこのポーズが短く感じられるかもしれません。でも、繰り返し練習して、スティーブ・コーチのノックにすべてどんどん答えられるようにしていきましょう。

③ が全ノックの90％以上できたら（＝90以上の質問にポーズ内で答えられるようになったら）、「3Hノック」に進みましょう。

「定番ノック」をマスターしたら、次は、「3Hノック」へ!!

Unit 1

最重要トップ10 定番あいさつノック

コーチからのアドバイス　「知っている」ことと、「使える」ことは同じじゃない。

「1000本ノック」の最初のこの10本を見て、「何だ、これ知ってる」と思った人、これらのなじみの表現を甘くみてはいけない。「知っているのと使えるのとは別モノ」。

この基本の10のあいさつ表現を「知っている」から「ちゃんと言える」にステップアップしよう。最重要なノックだからこそ、ためらわずにさっと返答できるようになろう。

これらの10のノックの意味を理解したら、答えを見ないで❶から❿の答えを自分で言ってみよう。1分以内に全部できたらOK。Let's start!

① Hi.
こんにちは。

⬇

Hi.
どうも。

 英語圏にいれば一日数回は使う言葉。店、レストラン、職場や学校、電話、街の中で人と会うときなど。見知らぬ人ともこうあいさつをかわす。日本語で言えば、「こんにちは」。決してくだけた「やあ」ではないから注意。「やあ」はHey.。

② Thank you!
どうもありがとうございました！

⬇

Sure.
いいえ。

 お礼を言われたときに返す言葉でいちばんよく使うメジャーな表現がこのSure.。You're welcome.は多少恩着せがましい響きがあるのでこのSure.のほうが感じがいい。発音は短く「シャ」。「シュアー」と語尾をのばさなさいこと。

③ I'm sorry.
すみません。

⬇

No problem.
いいえ、気にしないで。

 謝られたときの返答として定番なのはNo problem. かDon't worry about it.（オーストラリアでは、No worries.）。「大したことありませんよ」という意味で返したいときはIt's no big deal. この3つを重ねて言うことも可能。

④ Welcome to America.
アメリカへようこそ。

⬇

Thank you so much.
どうもありがとうございます。

 [Welcome to＋歓迎する場所の名前.]は「～へようこそ」の意の主流表現。Welcome!とひと言ですませることは滅多にない。Welcome to... の...の部分が聞き取れなくても、とにかくThank you so much. と言葉で返すこと。

⑤ Bless you.
お大事に。

Thank you.
ありがとうございます。

> 自分がくしゃみをしたとき、見知らぬ人にこのように声をかけられる。必ずThank you.と返そう。笑顔だけでなく、言葉での返事が必須。Bless you.の直訳は「（神の）ご加護を」だが、今は一般的なあいさつになっている。

⑥ I'm Steve Soresi.
スティーブ・ソレイシィです。

I'm...
〜です。

> 名乗るときはMy name is...もOKだが、響きはやや事務的。より自然に名前を伝える表現はI'm...。自己紹介は、①Hi.に続いて、②I'm...と自分の名前を言ってから、③握手、④Nice to meet you.が基本。

⑦ Nice to meet you.
はじめまして。

Nice to meet you too.
どうも、はじめまして。

> 自己紹介の締めの言葉。握手をしたあとか、しながら言う。発音は「ナタミチャタ」に近い。ちなみにこの表現は初対面の人にだけ。そうでない人にはNice to see you.とmeetの代わりにseeを使う。

⑧ Nice to see you again.
またお会いしましたね。

Nice to see you too.
本当。またお会いできてよかった！

> 誰かと再会して、「あ、どうも、何々さん」「またお会いしましたね」と言いたいときの表現。公式・非公式を問わず幅広い場面で使う。言われたらタイミングよく返事を。tooはつけなくても間違いではない。

⑨ How're you doing?
お元気ですか？

Good, and you?
はい、あなたは？

> 最もよく聞かれるノック。既知・未知の人の別なく、電話でもメールでも会うときでも使える。これはあなたの機嫌を聞いているのではなく、単なる決まり文句。自然な答えはGood, and you?。Fine, thank you. And you?もOK。

⑩ What's new?
最近何かあった？

Not much, and you?
特に何も。そっちは？

> 親しい間柄ではよく使う。似た表現にWhat's up?、What's happening?などがあるが、同様に決まり文句なので、自分の状態をペラペラ言う必要はない。Not much.がパターン。Good.やFine.は不適切。混同しないように。

Unit 2 答えに困るノック

コーチからのアドバイス　困ってしまった場面でこそ、適切に応対する必要あり。

この10のノックをマスターすると、パニックになりがちな場面やよくあるトラブル場面にも対処できるようになる。決して難易度の高い返事が必要なのではない。厳選したメジャーな応答表現だけを練習して、すぐに言葉が口をついて出てくるようにしよう。中でも「相手の英語が聞き取れない」場面はよくある。ピンチをどう上手に切り抜けるか、適切な言葉を自分でいつも言えるように身につけておこう。

1分以内に全10問に答えられるようになることをめざそう。Let's try!

---

⑪ **OUCH! You're stepping on my foot.** 痛っ！ 足踏んでますよ！

⬇

Sorry about that.
ごめんなさい。

 足を踏んだり、相手の服を汚したり、間違えて人の席にすわったりするような比較的小さなミスをしたときは、Sorry. だけでなく、about that をつけて、Sorry about that. と言うと誠実さが伝わる。

---

⑫ **Hey! You hit my car!** ちょっと！　車ぶつけましたよ！

⬇

Are you OK?
大丈夫ですか？

 車の事故などの場合、I'm sorry. は、自分の罪を認めることになるから言わないほうがいいとされているが、個人的には、そう言ったからって裁判で必ず負けることにはならないと思う。どちらにしても、まず相手を気遣う Are you OK? を。

---

⑬ **Do you speak English?** 英語は話しますか？

⬇

Just a little.
少しだけですけど。

 Yes. も No. も避けたほうがいい。No. というと嘘っぽく感じられるし、逆に Yes. というと、向こうはガンガン機関銃のようにしゃべってくるかもしれない。相手に手加減してほしいときは、この応答表現で。

---

⑭ **What's the name of this street?** この通りの名前は何ですか？

⬇

I'm sorry I'm not sure.
すみません。ちょっとわかりませんね。

 I don't know. は「知らないよ」といった無礼な響きになる。「申し訳ありませんが、ちょっとわかりません」という丁寧さを伝えるのは、I'm sorry I'm not sure. 。どんな場面でもわからないときは、この表現がベスト。

⑮ Where is the XYZ Inc. building?
XYZインクビルはどちらでしょうか？

I'm sorry I'm not sure.
ごめんなさい。ちょっとわかりません。

> 道を聞かれたとき、知っていれば、方向を指さしながら、That way.（あちらです）とまず言おう。知らないときは、決して、No, no, no.とか「この辺のことは知りません」の意味で I'm a stranger here.とか言わないように。

⑯ Do you remember me?
覚えてます？

I'm sorry I don't remember you.
ごめんなさい。ちょっと覚えてないんですけど。

> このノックは Do you know me? とも言えるが、Yes.と答えられれば特に問題はないはず。困るのは、丁寧に No.の気持ちを伝えたいとき。あっさり「No.」はよくない。だから、Well... や I'm sorry I don't remember you.で。

⑰ Does this train go to *kakikukeko*?
この電車は「カキクケコ」に行きますか？

What's "*kakikukeko*"?
「カキクケコ」？

> これは自分のリスニングの成功率を確実にアップさせるテクニック。聞き取れない言葉があれば、それをピンポイントして、「What's + 聞き取れない言葉?」と言うこと。これができる人はもう英語初心者を卒業だ。

⑱ Is this yours?
これ、君の？

（聞き取れなかったとき）

Sorry?
はい？

> さっと言われて聞き漏らしてしまうことも実際には多い。そんなとき丁寧なのは、耳を相手に傾けて Sorry?。「え、何でしょうか？」というニュアンス。What? や「ん？」と聞き返すと、失礼な印象を与えることもあるので控えよう。

⑲ Where can I get a beer around here?
どこかこの辺でビールを売ってませんか？

Would you say that again, please?
もう一回言っていただけますか？

> ちょっと難しい長い文章で、一度にはっきりわからなかったりした場合は、Would you say that again, please? がベスト。決して Again, please.とか Once more, please.とは言わないこと。please をつけても失礼な響きになる。

⑳ Is there a gas station near here?
この辺にガソリンスタンドはありますか？

Would you say that more slowly, please?
もう少しゆっくり言ってくださいます？

> 上の 19 の応用表現がこれ。一度で聞き取れないことは恥ずかしいことではない。わかってるふりをして聞き直さないことのほうが、後々トラブルを招くもの。明らかに相手の話すスピードが速すぎるときはこのフレーズを。

Unit 3　通りがかりのノック

コーチからのアドバイス

道案内は一気に言おうとせずステップ・バイ・ステップで。

　道を聞かれたら、まず方向を示してひと言で答えよう。失敗しやすいのは、目的地までの詳細な道筋を一気に言おうとすること。たいていの人は急いでいるし、ちょっとしたアドバイスがほしいだけのことも多い。まず、「あちらです」と言って方向を指さして、相手の次の言葉を待とう。そしてさらに質問されたら、素早くシンプルな答えを心がけること。㉕〜㉙のノックでは、自分が家の前に出たときに誰かに声をかけられたと想定してこの10のノックの練習をしてみて。Here we go!

㉑ **Excuse me.**
すみません。

⬇

Yes?
はい。

 Excuse me.と言われたら、呼ばれていると思おう。相手から「もしもし」「あのぅ」「すみません」と話しかけられているのだ。これには、質問らしくちょっと語尾を上げてYes.?♪と言おう。無言や表情だけでの対応は禁物。

㉒ **Go ahead.**
どうぞお先に。

⬇

Thank you.
ありがとう。

 ドアやエレベーターで道を譲られたり、席を譲られたり、同時に何か言って「お先にどうぞ」Go ahead.と言われたら、まずThank you.。お辞儀や会釈では通じないことが多いし、無言もよくない。発音は「センキュー」に近い。

㉓ **Here you are.**
はい、どうぞ。

⬇

Thank you.
どうも！

 「どうぞ」と物を渡されたら、Thank you.と答えよう。ちなみにこのように物を渡す場面では、「どうぞ」の意味でPlease.とは言わない。ビラ配りの人からHere you are.と何か渡されて、もしいらなければNo, thanks.と断って。

㉔ **May I ask you a question?**
おたずねしてもいいですか？

⬇

Sure. Go ahead.
もちろん。どうぞ。

 May I...?の質問に肯定的に答えるときは、いつもSure.と覚えておこう。断りたいときは、Well...と間をおいて、I'm sorry I'm busy. のように謝ろう。このノックは議論しているようなときにもよく使う。

21-30

(25) Which way is the train station?
駅はどっちのほうですかね？

⬇

That way.
あっちですよ。

 道案内を頼まれたら、最初のひと言は、まず That way. か Over there. で「あちらです」と方向を示すこと。通りがかりのノックでは、とくにシンプルで素早いひと言が必要。Where is the train station? と聞かれた場合でも同じ。

(26) How far is the train station from here?
ここから駅までどのくらいかかりますか？

⬇

About two minutes.
2分くらいです。

 How far...? と聞かれたら、「About＋時間.」で答えるといちばんわかりやすい。距離は補足説明として言う分にはかまわないが、まず「どのくらいの時間がかかるのか」、相手の交通手段に合わせて言ってあげることができると親切。

(27) What's the name of this building?
これは何ビルですか？

⬇

MF Towers.
MFタワーです。

 こう聞かれたらひと言、その名前を言えばいい。The name of this building is... のように長く言う必要はない。わからないときは I'm not sure. で。

(28) What's the address here?
このあたりの住所は何になるんですか？

⬇

Shinmachi 1-8.
新町1-8です。

 町名と番地だけで普通はOK。1-8は「ワン・エイト」と言えばよい。相手もその後、I'm looking for... と続けるだろうし、言わなければ、What are you looking for? と聞いてあげよう。道案内のコツは、ステップ・バイ・ステップで説明すること。

(29) Is there a bank near here?
このあたりに銀行はありませんか？

⬇

Yeah. It's that way.
はい、あっちのほうにありますよ。

 Is there... near here? は、よく使うフレーズ。実用的な道案内アプローチは、最初に短く答えてちゃんとキャッチボールしますよという意思表示をすること。「Yes.＋方向」と短く言えばそれが親切。Yes, there is. だけは不親切。

(30) I appreciate it!
ありがとうございました。

⬇

Sure. No problem.
いいえ、どういたしまして。

 I appreciate it! はとても温かいお礼の言葉。「ありがとうございました」「本当に感謝してます」の意。「いいの、いいの、気にしないでね」という気持ちで答えたいときは、Sure. No problem. がベスト。

Unit 4 オウム返しで OK ノック

コーチからのアドバイス

こう聞かれたら、そのままオウム返しせよ！

オウム返しで答えていいフレーズ・ベスト10をここに集めた。会話力をアップするには、こうしてエッセンシャルなものだけを自分の道具箱に入れて身につけておこう。また、思い切ってマイナーな表現は切り捨てよう。たとえば Good afternoon. や Good evening. はあまり使わないから覚えなくていいが、別れ際の Good night. はよく使うので、自分の道具箱に入れておくこと。間違ってオウム返ししてしまう人が多いのが How are you? 。気をつけよう。

CD 1 / 05

㉛ **Good morning.**
おはようございます。

Good morning.
おはようございます。

> 朝にするメジャーなあいさつ。発音は「グッモー」のように語尾を弱くすることがポイント。午後になったら Hello. か Hi. で、一日中通そう。Good afternoon. や Good evening. は実際あまり使われていないマイナーなあいさつ。

㉜ **Hello.**
こんにちは。

Hello.
どうも。

> Hello. は Hi より丁寧と思いこんでいる人が多いが、それは間違い。英語が母語の人は Hi. ということのほうが比較的多い。早い話、どちらでもいい。大切なのはタイミングよく、ためらわずに言うこと。

㉝ **Long time no see.**
久しぶり！

Long time no see.
ご無沙汰！

> これは「久しぶりに会いますね」の意。フルセンテンスで言えば、We haven't seen each other for long time. だが、慣用句なのでフルで言う必要はない。「久しぶりに～しました」のような言葉は後出 (p.97)。

㉞ **How do you do?**
はじめまして。

How do you do?
はじめまして。

> How do you do? のやりとりはあまり頻度が高くない。でも How're you doing? 「元気ですか」と絶対混同しないで、きちんと区別できるようにしておこう。初対面が10回あったら1回くらいは How do you do? と言われるかも。

31-40

㉟ See you later.
ではまた。

⬇

See you later.
それではまた。

> 別れ際で言う表現のナンバーワン。注意してほしいのは、later を省いて See you. だけで終わらせてしまうこと。これは、「うんじゃ」みたいなタメグチっぽい響きになるので、避けたい。[See you ＋時間を表す言葉.]が基本。

㊱ See you again sometime.
またいつかお会いしましょう。

⬇

See you again sometime.
また会いましょうね。

> この表現がとても便利なのは、相手の人にまた会うかどうかわからないときも言えること。たとえば、機内やホテルのロビー、カフェ、電車内などで軽くおしゃべりした人と「ではまたね」のような感じのニュアンス。

㊲ Good night.
おやすみなさい。

⬇

Good night.
おやすみなさい。

> 夜、別れ際に言うのに最適な言葉がこの Good night.か前出の See you later.。ちなみに夜の「こんばんは」でも Good evening.でなくて Hello. や Hi. が主流。Good evening.も Good afternoon.も丁寧すぎる場合が多い。

㊳ Talk to you later.
それではちょっと失礼します。

⬇

Talk to you later.
それではまた。

> 訪問先やパーティ、社内などで誰かと話しているとき、そこから完全にいなくなってしまうわけではないけれど、とりあえず、今話している人と「では、また」と言って別れるときの言葉がこれ。

㊴ Bye.
じゃあね。

⬇

Bye.
さよなら。

> 最後の最後に言う言葉。See you later.と言ったあとにまだ付け加えたいときに言う。Bye-bye.は落ち着いたトーンで言えば OK だが、やや子どもっぽく響くときも。Bye.のほうが、大人らしい言い方になる。

㊵ Thank you.
ありがとう。

⬇

Thank YOU.
こちらこそ。

> Thank YOU. と YOU を強く言うことで「こちらこそ」の意味になる。ここで、You're welcome. と言うと、「私はお礼を言われて当然」の意になってしまう場合も。一般的なのは Sure. (p.24 定番のノック43 参照)。

Unit 5 別れ際のあいさつノック

コーチからのアドバイス
別れ際のあいさつは、スムーズに、スマートに。

別れ際のあいさつこそ、スムーズにしたいもの。別れ際に何か言われて、「え、何ですか？」と聞き返すのもカッコ悪い。実は僕も日本語を習い始めた頃、別れ際に「気をつけてね」と言われて、「え、何に気をつけるの？」と聞き返して場をシラけさせた経験がある。

別れ際のノックにはThanks.と返すことも多い。返答に困ったらThanks.と言ってもいいぐらいだ。

では、スムーズに別れ際のあいさつを交わせるようになるために、このユニットの10個のノックで練習しよう。

㊶ Take care.
元気でね。

⬇

Thanks. You too.
ありがとう。元気でね。

 Take care.は「元気でね」「気をつけてね」の意。Bye.とか「See you +いついつ。」以外の別れ際のあいさつを言われて、何て返事を返そうか迷ったら、とにかく、Thanks.と言えばいい。

㊷ Good luck.
がんばってね。

⬇

Thanks.
ありがとう。

 辞書では「がんばって」はHang in there.とかHold on.と出ているが、滅多に使わない。Good luck.と声をかけてくれた相手が同じ立場だったら、Thanks. You too.「ありがとう。あなたも」と付け加えよう。

㊸ Thank you for your time.
ありがとうございました。

⬇

Sure. Anytime.
いいえ。いつでも言ってください。

 こう言われたとき、あんまりYou're welcome.は使わないこと。偉そうに聞こえてしまうときが多い。ここはp.23の40と同じように、Thank YOU.と言ってもいい。

㊹ It was nice meeting you.
お会いできてよかったです。

⬇

Nice meeting you too.
こちらこそ。

 It wasをカットして、ただNice meeting you too.と言っていい。ほかにNice to meet you too.もOK。でも実際は別れ際のあいさつとしてはto meetと言うよりmeetingと言うことのほうが多い。

定番ノック100

41-50

㊺ Say hi to your mom.
お母さんによろしくお伝えください。
⬇
OK. I will.
はい、伝えておきます。

 OK. I will. の代わりに Thanks. と言ってもいい。迷ったら Thanks. と言えばいいと覚えておこう。余裕があれば、Say hi to your family too. などと付け加えよう。Say hi to... は「〜によろしくお伝えください」の意。広く使える。

㊻ See you tomorrow here at 11.
では明日、ここで11時に。
⬇
See you then.
ではまた明日。

 「See you ＋いついつ どこどこ.」の文に対しては、オウム返しが基本。でも大切なのはスムーズで素早い返答。簡単にそれを実行できる裏技は、See you then.「ではそのときに」。どんな日時に対してもOK。

㊼ Have a nice day.
いってらっしゃい、気をつけて。
⬇
Thanks. You too.
ありがとう、あなたも。

 Have a nice... に続くほかの言葉は、vacation（休暇）、meeting（会議）など。その受け答えはまず Thanks.。オウム返ししないで。ちなみに Have a nice day. のダジャレの覚え方は「歯がないすね」。

㊽ Enjoy your stay.
よいご滞在を。
⬇
Thanks.
ありがとう。

 またオウム返しができないときの言い方。Enjoy your meal.「どうぞ召し上がれ」など、Enjoy your... と言われることは多いはず。タイミングを外さず、Thanks. とひと言返そう。

㊾ Have a nice trip.
いいご旅行を。
⬇
Thanks.
ありがとう。

 これは前出47 Have a nice day. の応用パターン。Have a nice travel. とは言わない。またこれもたいていはオウム返しができない。だから、Thanks. で。類義表現は Bon voyage.。英語の中の外来語。

㊿ Sayonara.
サヨナラ。
⬇
Your Japanese is good! さようなら。
日本語上手ですね！ さようなら。

 すでに知られている英語の中の外来語。丁寧な言葉としてというよりは、遊びっぽく使う人が多い。こう言われたら、あなたもにこやかに、こう返してあげよう。同じ意味でほかの外来語 Adiós. とか Chao. もよく使う。

Unit 6 丁寧な依頼ノック

コーチからのアドバイス　英語にも敬語はある。メジャーな表現の受け答えを身につけよう。

　日本語ほど種類も量も多くはないし、使用頻度も高くないが、英語にも丁寧な表現はもちろんある。
　このユニットでは、厳選した丁寧表現とそれに対する受け答えの方法をしっかり身に付けておこう。また、丁寧に頼まれたとき、丁寧に断る方法もちゃんと体得しておこう。どんな場合でもいちばんいけないのは、無言でいること。いくらニコニコとしていても、また、礼儀正しい態度をとっていたとしても、言葉がないと伝わらない。無言はタブーと心得て、しっかり自信を持って話せるようになろう。

51 Would you take our picture?
写真を撮っていただけませんか？

Sure.
いいですよ。

> Would you...?や May I...?と頼まれて「いいですよ」と言うときは、Sure. がベスト。Yes, I would. のようには言わない。断る場合は、I'm sorry, but I can't now. のように丁寧に言うことが大事。

52 May I borrow a pen?
ペンをお借りできますか？

Sure. Here you are.
ええ。どうぞ。

> May I borrow...? はよく使われる表現。「ペン」だけでなく、tissue、telephone などなど。断るときは、「Well... I'm sorry ＋断る理由(S＋V)」と言えばいい。borrow「借りる」と lend「貸す」は混同しやすいので注意。

53 Would you mind sitting here?
こちらに座っていただいてもよろしいですか？

Sure. No problem.
ええ。いいですよ。

> Would / Do you mind ～＋ing? と聞かれたとき、Yes. か No. か迷うエリアにいると答えられなくなる。でも、こう覚えれば簡単。肯定的に答えたいときは、いつでも Sure. No problem.で。否定的な答え方は、次のノックを。

54 Do you mind if I smoke?
タバコを吸ってもいいですか？

Actually, I mind.
あの、ご遠慮願えますか？

> Would / Do you mind if S＋V? の質問も 53 と同様、Yes. / No.で答えようとすると引っかかりやすい。否定的に答えたいときは、いつでも左のように答えればOK。あるいは Well... と言うだけで、相手が遠慮してくれることも多い。

51-60

55. May I have your ID?
身分証明書をお願いします。

⬇

Sure. Here you are.
はい、どうぞ。

> ID だけでなく、ticket、passport などについて May I have your...? と、よく聞かれる。答え方は2ステップで。まず「いいですよ」の意味で Sure.。そして、求められたものを差し出して Here you are.。ID は identification の略。

56. Would you excuse me a minute?
ちょっと失礼してもよろしいですか。

Sure. Go ahead.
はい、どうぞ。

> このノックは「ちょっと待っていただけますか」のような意味で、Would you wait here? とも言う。とにかく Sure. と受け答えよう。これに Go ahead.「どうぞ、どうぞ」や Take your time.「ごゆっくり」を付け加えて言ってもいい。

57. Would you sign here?
こちらにサインをお願いします。

Sure.
ええ。

> 頼まれたとき、肯定的に言う定番表現はこの Sure.。否定的に言いたいときは、まず Well... と言って、Do I have to?「そうしないといけませんか」あるいは I'd rather not.「どちらかというとそうしたくなのですが」はちょっと強い言い方。

58. That'll be 37 dollars.
37ドルになります。

OK. Here you are.
はい、どうぞ。

> 支払いの場面。ここでも、無言はだめ。このようなノックが来たらまず OK. と相手の言葉を受けること。そして渡すときに Here you are. と言おう。Please. とは言わない。また、無言だと感じが悪い人と思われやすい。

59. May I ask you a favor?
お願いしてもいいですか。

⬇

Sure. Go ahead.
はい、どうぞ。

> 同じ意味で Would you do me a favor? と言われることも多い。否定的に答えるときは I'm sorry, but I'm busy now. のように簡単に理由を S + V でつけて言うと丁寧。I'm sorry, but... は「申し訳ありませんが〜」の意。

60. Why don't we have lunch together?
一緒にランチはどうですか？

Why not?
そうしましょう！

> 肯定的な答えは Why not? 以外には、OK. でも Sure. でもいいし、簡単。否定的な答えが案外難しい。丁寧に断るなら I'm sorry, but I can't.。もう少しきっぱり伝えるなら、I'm sorry. I'd rather not.「すみませんがご遠慮します」。

Unit 7 海外旅行中のトップ10ノック

コーチからのアドバイス

サバイバル・イングリッシュでは、もう、満足しない!

海外旅行では自分の英語がいわゆる「サバイバル・イングリッシュ」か、「きちんとした英語」かどちらなのかが明確になる。旅行先では店員は商売のために「サバイバル・イングリッシュ」にも通じているから、意思疎通はまあ、はかれる。でも、そんな客と店員の関係にあまえた最低限の英語では、今後対等なコミュニケーションはできない。でも大丈夫。このユニットの10のノックだけ完璧に体得すればOK。店やレストランに行ったときだけでなく、人の家に招かれたときなどもバッチリだ。

61 May I help you?
何かお探しですか?

⬇

No, thanks. I'm just looking.
いえ、見ているだけですので。

 店でMay I help you?と言われたら、「いらっしゃいませ」でなく「何かお探しですか」の意。オフィスへの来客にも使う。こう聞かれたとき No, thanks. と断ることもできる。何かを探しているときは I'm looking for... で。

62 Did you find everything OK?
問題ございませんか?

⬇

Yes, thanks.
ええ、ありがとう。

 これはお店で店員がサービスを締めくくる言葉。レストランでは、Was everything OK?とか Is that all? のように言うことが多い。Yes, thanks.と言えない状況では、「Well... May I have +ほしいもの?」のように尋ねよう。

63 Would you like something to drink?
お飲み物はいかがですか?

⬇

Yes. I'll have this.
はい、これをお願いします。

 お店の客席係や訪問先のホストが言うのはまず、Hi.。そして How are you?。次にこれ。まだ決まっていなければ、No, thanks.。「とりあえず今はいらない」のであれば、I'm OK for now.。水がほしければ、May I have some water?。

64 Are you ready to order?
ご注文はよろしいですか。

⬇

Not yet.
いや、まだです。

 注文がまだ決まっていないなら Not yet. そして Sorry about that.。注文が決まったなら、Yes. I'll have... と言おう。メニューの中の固有名詞が言えなければ、メニューや周囲の人が食べている料理を示して、May I have this / that?。

61-70

65. Would you like to pay by cash or credit card?
現金またはカードでお支払いですか。

Credit card. Here you are.
クレジットカードで。はい、どうぞ。

> どちらで支払うにしても、それを渡すときは、Here you are.と言う。Please.ではないから注意。Please.はPlease don't get angry.「怒らないでください」の「～ください」の意味。

66. Would you like a taxi?
タクシーをご利用ですか？

No, thanks.
いいえ、けっこうです。

> No, thanks. は丁寧に断るときの表現。相手が親切な人にも使って無礼でないし、しつこい押し売りに対してもOK。さっと言うほうが効果的。簡単な言葉だが、素早く言えるように練習しておこう。肯定する場合は、Yes, thanks.。

67. Is your room OK?
お部屋は問題ございませんか。

Yes, thanks.
ええ、大丈夫です。

> ホテルでの一場面。こう聞かれて、自分の部屋に不備があったらWell...と言ってから、There's a problem with...と、問題のある所を具体的に伝えよう。シャワーが水漏れしていたらThere's a problem with my shower.でOK。

68. Would you like to try this?
これはどうですか？

No, thanks.
いいえ、けっこうです。

> 売りつけてくる人にはNo, thanks.の基本パターンで。素早くにこやかに言うこと。顔色も大切。おそるおそる言うのもよくない。逆に興味があれば、Well...やWhat is it?と返してもいい。

69. Would you like anything else?
ほかに何かございますか？

Yes. May I have some coffee?
ええ、コーヒーをいただけますか。

> Coffee, please. は「コーヒーくれ」みたいな感じで失礼になることが多い。何かほしいときは、必ずMay I have...?と言うことにしよう。「とりあえず今何もいらない」と言うときは、I'm OK for now.で。

70. How was your meal?
お食事はいかがでしたか？

Good. May I have the check?
おいしかったです。お勘定をお願いします。

> 何かクレームをつけたいときは、ひとまずGood.と言ってからBut there's a problem with...と続けよう。レストランで受けるノックはせいぜい数種類。定番表現の受け答えができれば会話のベースが作れて、楽しみも広がるはず。

Unit 8 いきなり情報を求めるノック

コーチからのアドバイス：テンポよく、まずひと言で応対しよう。

このユニットでは、いろいろな情報をあなたに聞きます。実際に今あなたがおかれている状況にしたがって答えてみて。たとえば、「トイレはどこ？」と聞かれたら、あなたがたった今いる場所から案内してあげよう。

どんな場合にも役立つフレーズは次のふたつ。(1) Just a moment.「ちょっと待ってください」。(2) I'm sorry I'm not sure.「ごめんなさい、ちょっとよくわからないのですが」。間をおかずにテンポよく応対することが大事。この10のノックに1分以内に答えられるようチャレンジして。

71 May I have the time?
時間を教えていただけますか。

⬇

Sure. It's 10:15.
はい。10時15分です。

> Do you have the time? も同じ意味。どちらも What time is it? より丁寧な言い方だ。答えはいきなり 10:15 (Ten fifteen.) で OK。o'clock や a.m. / p.m. はつけなくていい。わからないときは I'm sorry I'm not sure. で。

72 What's today's date?
今日の日付わかります？

⬇

Yeah. It's November first.
ええ、11月1日です。

> 11月1日は the first of November でもいいし、November the first でもいい。自分がパッと素早く言える言い方で応対することが大切。どちらを言おうか迷ったときは両方言えばいいよ。

73 May I sit here?
ここ、よろしいですか？

⬇

Sure. Go ahead.
もちろん、どうぞ。

> その席が空いているかどうかわからないとき、さっと I'm not sure. と言うほうがいい。「夫の席なので」と言いたいときは、I'm sorry. と素早く言ってから、It's for my husband. と言えば OK。

74 What day of the week is it?
今日は何曜日ですか。

⬇

Thursday.
木曜日ですよ。

> この質問に対する答えは、ひと言で OK。だらだら長い文を言うより、ひと言で答えるほうが相手に伝わりやすい。What time is it? と聞かれた場合も同じ。

71-80

75. What would you like to drink?
お飲み物は何になさいますか？

⬇

Well, what do you have?
何がありますか？

 このノックは定番中の定番。メインの答え方は次の3つ。(1)「May I have [飲み物]? (〜をいただけますか)」。(2) I'm OK for now.（今はけっこうです）。そして、この(3) Well, what do you have?

76. Which way is the bathroom?
お手洗いはどこでしょう。

⬇

That way.
あちらになります。

 でました、道案内。テンポを崩さず、方向を指さしながら That way. とスパッと言うこと。とにかく一気に細かい道案内はしないこと。かえって不親切になってしまう。力が余れば It's on the right.「右手にあります」のように付け加える。

77. May I have your name?
お名前をお願いできますか。

⬇

Sure. It's Steve Soresi.
はい、スティーブ・ソレイシィです。

 What's your name? は無礼に聞こえる場合が多いから、丁寧な May I have your name? を覚えておこう。名前を言ったあと、「〜と呼んでください」の意味で Just call me Aya. のように自分の呼び名を言うといい。

78. Would you spell your last name?
名字のスペルをお願いできますか。

⬇

Sure. SORESI.
はい、S-O-R-E-S-I です。

 スペルをきちんと伝えたいときはこの方法で。S like sugar.「sugar の S」とか O like orange.「orange の O」のように例を出すといい。例は食べ物とか動物の名前、国名が一般的。自分の名前で練習しておこう。

79. How do I pronounce your name again?
もう一度お名前を言っていただけますか？

⬇

It's SORESI.
ソ・レイ・シィです。

 このノックには自分の名前をゆっくり言うことが大事。姓名どちらでもいい。珍しい名前なら、Soresi. It's like Tracey. のように似た音の名前を出すと伝わりやすい。また It's an Italian name. と言えば会話がはずむきっかけにも。

80. Have we met before?
前にお会いしましたか？

⬇

I'm not sure.
どうでしたかねえ。

 こう聞かれてあっさり No. と言うと相手は形無し。I'm not sure. と言おう。同じ意味で Do I know you? と言われることもあるが、その場合も同じ。また、この後 Anyway, I'm Steve. のように自己紹介の場面に進むことも多い。

Unit 9 訪問先でのトップ10ノック

コーチからのアドバイス　出会いの場での定番ノックをマスターしよう。

ここまで80本の定番ノックを終えたみなさん、調子はどうですか。このユニットでは、「出会いの場面」での定番ノックを練習しよう。「出会い」といっても、パーティ、会社の受付、誰かの家を訪問して、などなど、いろいろある。

ここでは自己紹介以外の定番ノックを集めた。（自己紹介はp.17参照）

まず、最初のステップは、目的地に到着してのあいさつ。そして出迎えや飲み物をすすめたりするときの言葉。そして別れ際の言葉。とにかく丸ごと身につけよう。

81 Come in.
どうぞ。お入りください。

Thanks.
ありがとう。

> 時間に正確な人はThanks.に続いてAm I early?「早かったですか」と言おう。「遅かったでしょうか」ならAm I late?。誰もいない玄関口で「ごめんください」「どなたかいらっしゃいますか」と言いたいときは、語尾を伸ばしてHelloooo.。

82 Thanks for coming.
いらっしゃいませ。来てくださってありがとう。

Thanks for inviting me.
お招きいただいてありがとうございました。

> Thanks for...に対して、Thanks for...と返すのはとても感じがいい。Thanks for...の後は、動詞のing型か、Thanks for your e-mail.のように[your+名詞]で。[your+ing型]は間違い。注意してね。

83 Have a seat.
どうぞ座って。

Thanks. This is a nice place.
ありがとう。素敵なおうちですね。

> 席をすすめられたらThanks.にひと言ほめ言葉など何かを付け加えるといい。ちなみにHave a seat.はSit down.とかTake your seat.よりずっと丁寧な言い方。自分がノックを打つときはこう言えるようにしておこう。

84 Help yourself.
ご自由に飲み物や食事をとってくださいね。

Thanks. It looks delicious.
ありがとう。おいしそう！

> 飲み物や食べ物をすすめる言葉はこのノックかHere you are.。Thanks.に続いて何かひと言付け加えたいね。この「プラスワンの法則」をこれから少しずつ身につけていこう。Thanks.でなくThank you.と言ってもOK。

What should I call you?
何てお呼びしたらいいですか？

⬇

Just call me "Steve."
「スティーブ」でいいですよ。

自分が気に入っている呼び名を伝えることは、友だち作り・ビジネス関係形成に不可欠。僕はアメリカではほぼ100% ファーストネーム Steve で通しているが、友だちの子どもや大学の学生には Mr. Soresi と呼ばれている。

Here's to our friendship.
お知り合いのしるしに。

⬇

Cheers.
乾杯！

「何々へ乾杯」というように誰かが音頭をとって乾杯するのは世界中どこでも同じ。その代表的な言い方は、Here's to…「～に乾杯」。受け答えは、Cheers. と言うか to 以下をオウム返し。たとえば Here's to Paris! → To Paris!

This is my sister, Amy.
妹のエイミーです。

⬇

Nice to meet you, Amy.
エイミーさん、はじめまして。

誰かを紹介されたら、「Nice to meet you, だれだれ.」と名前を付け加えよう。文末や文頭に相手の名前を入れると、相手にも親しみを感じてもらえる。言うことで相手の名前を覚えやすくなるし、一挙両得。

Nice talking to you.
お話しできてよかったです。

⬇

Nice talking to you too.
こちらこそ。

これは立ち話にひと区切りついたときの「ではまた」「ちょっと失礼」のようなニュアンス。会話をあえて丁寧にさえぎって I need to go now, but it was nice talking to you. (もう行かないと。でもお話しできてよかった) のようにも。

I'll be right back.
ちょっと失礼します。

⬇

OK. Talk to you later.
それではまたあとで。

Talk to you later. は、88 と同じく「じゃ、失礼します」のニュアンス。立ち話をして、そろそろ終わらせたいときに使う。See you later. はその場から完全に去るときに言うが、Talk to you later. はまたあとで会う可能性があるときに。

Thanks for coming.
来てくださってありがとう。

⬇

Thanks for a wonderful time.
ありがとう、すごく楽しかったです。

82 と同じく、Thanks. に Thanks. を返すおしゃれなパターン。for a wonderful time の他に for your advice (相談に乗ってくれて)、for a wonderful dinner (素敵なディナー)、for your time (貴重なお時間) など。

Unit 10 キチンとあいづちが必要なノック

コーチからのアドバイス
質問文でない相手の言葉にもきちんとレスポンスしよう。

会話はすべて質問と答えで成り立っているわけではない。だから、質問でない相手の発言にもちゃんとレスポンスできるようにしよう。

これらはだいたい次の5種類に分けられる。1. うれしいニュース、2. 悲しいニュース、3. ほめ言葉、4. 意見、5. 決まり文句。以上5つに対するリアクションのあるべきパターンもおおよそ決まっている。このユニットでは、この5つのパターンに対してきちんと素早くリアクションできるように練習しよう。

---

(91) I lost my glasses.
メガネをなくしてしまいました。

⬇

Oh. I'm sorry to hear that.
まあ、それはお気の毒に。

> 比較的小さな残念なことや、ちょっと悪いニュースに対してはI'm sorry to hear that. が最適。似たような表現にThat's too bad. があるが、これは軽度な悪い場面でしか使えず使用範囲は狭い。Oh. は「あらまあ」。

(92) My goldfish died.
うちの金魚が死んじゃったんです。

⬇

Oh. I'm SO sorry to hear that.
まあ、それはかわいそうに。

> 91より、もうちょっと程度の大きい悲しみや悪いニュースに対してお悔やみを言うときは、SOを強調してI'm SO sorry to hear that.と言うこと。悪い知らせに対して瞬時にリアクションすることで相手への気遣いを伝えられる。

(93) Your English is good!
英語うまいですね！

⬇

Thanks. But I'm still learning.
ありがとう。でもまだまだ勉強中です。

> ほめられたときは、まず次のどちらかのレスポンスを。1. 軽くThanks.とお礼を言う。2.「え？ そうかな？」「そんなそんな」と謙遜するReally?。どちらの場合も、この例のようにあとにひと言付け加えられるといい。

(94) I hate this weather.
最悪な天気ですね。

⬇

Really?
そうですか？

> Really?は、「え？ そうですか？」と相手の言うことを軽く否定する言葉。発音は短く「レリ」。「リアリー？」とならないように。軽く同意するときは、Yeah. やMe too.で。

91-100

95 I love this song.
この歌大好きなんですよ。

⬇

Yeah. It's good.
ほんと、いい曲ですね。

> いちばん簡単なあいづちは、同意するYeah.。ちょっと同意できない場合は、Really？　このどちらかに加えて、ひと言はずみをつける言葉がほしい。ベストなのは簡単な質問を相手に返すこと。例えばWho sings this song?。

96 You look tired.
疲れてるみたいですけど。

⬇

Yeah. I need some sleep.
ええ、寝たいです。

> You look tired.とかYou must be tired.と言われたら、まず同意するかしないか言葉で表そう。それからプラスワンで会話をふくらます。この例ならI had to get up early.「早起きしなければならなかったので」と言ってもいい。

97 You look great.
素敵ですね！

⬇

Oh, thanks.
そうですか、ありがとう！

> ほめられた場合、たいていはThanks.と言うが、もちろん英語でだって謙遜したり否定したりしていい。Thanks.の前にOh, をつけると、ちょっと遠慮がちなニュアンスを加味できる。完全に否定したいときはReally?で。

98 That's a nice shirt.
いいシャツですね。

⬇

Thanks. I like yours too.
ありがとう。あなたのも素敵ですね。

> 身に付けているものをほめるのは礼儀のようなもの。ほめられたらほめ返すのも礼儀だ。でも、相手が今持っていないもの（例えばペット）をほめられたら？こんなときはDo you have a pet?と聞き返して相手に興味を示して。

99 Are you OK?
大丈夫？

⬇

Yeah. Thanks.
ええ、ありがとう。

> 「大丈夫です」と言いたければI'm OK.。主語を忘れずにI'm を必ずつけて。「〜が痛いです」はMy... hurts.。「〜に問題があります」はI have a problem with...。

100 Are you ready?
じゃ、行きましょうか？

⬇

Yeah. Thanks for waiting.
はい、お待たせしました。

> Are you ready? は、「じゃ、行きましょうか」「始めましょうか」。あいさつの言葉で、準備の具合について聞いているわけではない。かなり待たせてしまった場合はI'm sorry.。「まだ」と答えたいときはNot yet.やJust a moment.。

定番ノック 変化球編

　100本に厳選した定番ノック、いかがでしたか。これら最も代表的な100の質問に対しては定番的な答えがさっと口をついて出てくるよう、何度も練習してマスターしておくことが大事です。

　でも、「ここに載っている英語と違う言い方で聞かれた場合は、どうしたらいいの？」。そんな疑問は、このページでバッチリ解決しておきましょう。

定番 1　**Hi.** こんにちは。 ➡ **Hi.** こんにちは。

もし相手が Hi. や Hello. のような定番表現 ではなくて、以下のような変化球を打ってきたら、こう返そう！

変化球
- **Hey!**
- **Hi there!**
- **Howdy!**
- **Well hello!**

➡ **Hi!** かオウム返しでOK!

＊いずれも「こんにちは」という出会い頭のカジュアルなあいさつ表現。

定番 9　**How're you doing?** 元気ですか。
➡ **Good, and you?** 元気です。あなたは？

もし相手が以下のような変化球を投げてきたら、こう返そう！

変化球
- **How's it going?**
- **How's everything?**
- **How've you been?**
- **How're you today?**

➡ 全部これでOK!
Good, and you?

＊いずれも「元気ですか？」「どう？」という出会い頭のあいさつ表現。

定番 35 → **See you later.** ではまた。
See you later. ではまた。

もし相手が以下のような変化球を投げてきたら、こう返そう！

変化球
- **See you around.**
  じゃあ、またどこかで。
- **See you in my dreams.**
  じゃあ私の夢の中で。
- **See you when I see you.**
  じゃあまた会うときに。(ジョーク)

→ **See you then.**
ではそのときに。
または
オウム返しで！

定番 7 → **Nice to meet you too.** はじめまして。
Nice to meet you. はじめまして。

変化球
- **Good to meet you.**
- **Great to meet you.**
- **It's a pleasure to meet you.**
- **Nice to make your acquaintance.**
- **Pleased to meet you.**
*いずれも「はじめまして」「どうぞよろしく」の意。

→ **Nice to meet you too.**
か「オウム返し＋too!」でOK！

EXTRA

変化球の中でもっとも多いのは「何を言っているのかわからない」球。そんな時には……。

変化球
- チンプンカンプンな内容
- 早すぎてわからないこと
- 通じないジョーク
  などなど
*定番17〜20も参照。

→ **Sorry?**
「何ておっしゃいましたか」

Would you say that again, please?
「もう一度言っていただけますか」

スティーブのコラム❶ 言葉の万歩計は会話力のバロメーター

　英語学習も料理も車の運転も、上達を左右するもっとも大きなカギは「経験してきた量」。つまり、上達度は今まで自分自身がそれをどれだけしてきたか、その経験量にほぼ比例する。これは誰についても言えることだ。

　特に英会話の場合、注意したいのは、「経験」になるものとならないものがあるということ。つまり、誰かほかの人が書いた英語の「音読」や「リピート（反復）」は「自分の経験」には含まれない、ということ。料理上手になるために、いくら料理を食べても、それだけでは腕が上がらない。自分で何度も何度も食事を作る経験を積んだほうがはるかに腕が上がる。英会話もそれと同じ。

　さて、あなたが今まで自分で表現した英語の数は何個・何英文ぐらい？ それを示すのは、あなたに内蔵されている「言葉の万歩計」だ。言葉の万歩計のメーターが高い人ほど、英語を話す力も高い。最終的に自分の英会話力を左右するのは、この万歩計に刻まれた英文の数。話せるようになりたい人は、自分の「言葉の万歩計」の数を増やすよう、毎日自分の英語で何かを表現して実際に口に出して言ってみること。

　もちろん、「穴埋め問題」や「長文読解問題」を解いても、「英会話テキスト」のダイアログを音読しても、英語テキストを読んだり、そこに書いてあるダイアログの意味を理解したり、音読したりしても、それは万歩計にはカウントされない。残念ながら、多くの日本での英語のレッスン（英会話スクールも中学・高校・大学も）では、1時間あたりに自分で作る英文の数は非常に少ない。もし、1時間に10英文以下の発話しか求められないものなら、即、やめたほうがいいと思う。It's a WASTE。時間とお金のムダ。

今後はTOEFL®もTOEIC®も、ほかの大半の英語資格試験も、実際のスピーキング能力とライティング能力を測るものが加わっていく。その場で聞かれたことに、その場で自分で作った英語で対応する、発信する力が試されるようになる。このように英語の資格試験を突破したり、英語でコミュニケーションをとれるようになったりするためには、言葉の万歩計を上げること。これしかない。

　では、万歩計に刻まれる数を上げるにはどうしたらいいのか？　そのためのもっとも効果的で効率的ですぐできる方法は？

　ひとつの方法は、この本の「1000本ノック」。僕のノックに自分の言葉で答えたり、何かを説明したりすることがいちばん効率的な練習方法だ。留学や英会話スクールに行く前にまずこれ。少々大変かもしれないけど、毎日30〜100ぐらい、自分の万歩計のメーターを上げるよう、ノックを受けよう。そのほか、英語で日記を書いたり、寝る前に今日したことなどを口頭で10〜20文以上でまとめてみるオーラル日記もおすすめ。

スティーブのコラム 2　よく聞かれる質問とネタ帳

　日本でもっともよく聞かれる質問が7つある。「どこから？」「なぜ日本に？」「日本は長いんですか？」「日本の食べ物は大丈夫？」「納豆は？」「日本語をどうやって覚えたの？」「日本についてどう思う？」。ほかに年齢や血液型の質問も多いが、どれもざっと年間10回以上聞かれる。

　こんな質問にウンザリしたり、またひと言で返す外国人も多い。でも、それではもったいない。僕は、これを日本語スピーキング力をのばすいいチャンスだと思った。実際に、このトップ7の日本人からのノックを活用して、はじめて連続した日本語文を話せるようになった。

　例えば、「なぜ日本に来たの？」には自分のネタを作った。「岐阜県の中学校で英語の講師として来日して、そこで四季折々の食べもの、風習を体験しました。日本にはひと目ぼれです」など。それから、ジョークのネタも事前に作った。「どちらから来ましたか」に「あ、ワタシハ　ウエノエキカラキマシタ、スティーブです。ハジメマシテ」とか、「日本は長いんですか？」に「短いですよ。日本列島はたったの2000キロ。でも歴史は長ーい。ん？あ、僕のこと？」とか。ジョークは相手を選ばないといけないけどね。

　こんなふうに、ある程度自分のネタ帳を作っておくことも、実はおすすめ。ネタ帳にしまっておけるネタの数にもちろん限りはあるけれど、これだけはスラスラ言えるっていう連続文の「十八番」をもつといい。すると、連続文章を話すコツみたいなものも体得できるようになる。この1000本ノックの中からお気に入りを3つか4つ選んで、試してみて。

Chapter 2

ベイシック文型ノック

　この章から本書のコアになる「3Hノック」がスタートする。次ページから45ページに掲載されている「使い方」をよく読んで3Hのやり方を十分に理解してから、自分の言葉で各質問へ答えていこう。各ラウンドのノックにすべて自分で答えれば、あなたの万歩計のメーターは660も上がる。がんばろう。

ノック数330

3Hノックの使い方

「3Hノック」って何？

3Hとは、①「ひとことで答え」、②「補足説明をし」、③「会話にはずみをつける」こと

「3H」とは、英語の応答の大原則。つまり、「ひとこと Hitokoto でまず答える」「補足 Hosoku 説明を加える」「はずみ Hazumi をつける」の3ステップ形式の答え方のことで、会話の最小ユニットでもあります。

野球にたとえれば、まず来た球を「受け取り」「構え直して」「投げ返す」、この一連の動作に相当します。

野球
- ❶ ボールをとる
- ❷ 構え直す
- ❸ 相手に投げ返す

会話
- H ひとことで答える
- H 補足説明する
- H はずみをつける（相手に聞き返す）

3Hで投げ返せ！

ヨーシ!

一問一答式の会話練習は無意味。だから、「3H」で

定型的なあいさつ表現を別にすれば、会話は一問一答式で成立するものではありません。振られた話題を受け止めて（ひとことでまず答える）、そして、それにプラス、ワンセンテンスで補足説明をし、次に相手に聞き返す、というこの三段階、つまり「3H」こそが会話の基本ユニットなのです。

『英会話質問集』『外国人によく聞かれる質問と答え方』のような教材は今までたくさん刊行されてきましたが、どれも「一問一答式」の会話例集にすぎません。これらの一問一答は言ってみれば取調官の尋問。会話とは言えません。本書では、本当の会話力をつけるために、会話の骨組みをこの「3H」として、徹底的に「3H」で応答することを練習します。

「3H」を身につけるために「3Hノック」

　この「3Hノック」では、全部で290のよく聞かれる質問とその答え方を3つのラウンドに分けて練習します。つまりひとつの質問につき3回ずつノックを打ちます。また、この870本の3Hノックは、「ベイシック文型ノック」「ステップアップ文型ノック」「トピックノック」の3つのパートに分かれています。が、基本構成と使い方はどれも同じです。以下の使い方を基本にどんどんノックにチャレンジしてください。

「3Hノック」各ユニット（見開き4ページ）の使い方

【各ラウンド共通: 第1ラウンド→第2ラウンド→第3ラウンド】

1 本を見て、10のノックとその意味を理解。

2 本を見て、10のノックに対して、自分なりに答えてみましょう。

　答え方の例文がそれぞれ2種類載っています。自分の答え方に迷ったら、大いに参考にしてください。でも、この答え方を覚える必要はありません。あくまで自分の言葉で質問に答えてください。

3 [CD1 00] CDを使って、聞こえてくるノックに素早く答える練習をしましょう。

　CDには、それぞれ答えるのに適当なポーズが入っています。ポーズ内ですべて3Hを言えるようになるまで練習しましょう。

4 1ラウンドを以上の **1** ～ **3** の要領で行い、**3** が80％以上できるようになったら、次のラウンドに進みましょう。

各ユニットの構成

Round 1「ひとことラウンド」

🧢 各ユニットの Round 1「ひとことラウンド」のノックを返すうえで、心にとめておいてほしいポイントをスティーブ・コーチからアドバイス。

🧢 トラックはラウンドごとに変わる。質問のノックに続くポーズは、およそ3秒。このポーズの間にテンポよく、最初のひとことを口に出してほしい。

🧢 Do you...? / Are you...? など、最初に返すひとことがある程度限られる文型ノックのユニットでは、「強い肯定」から「強い否定」までを[Yes / Noスケール]で示している。

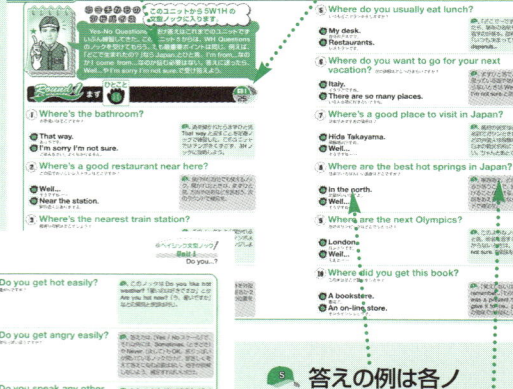

🧢 答えの例は各ノックにふたつずつ。これはあくまでも参考。あなた自身の答えを言うときの参考にしてね。

🧢 Question の英語の説明、サンプル以外の答え方の例など、さまざまな解説がなされている。

🧢 ここには答えの例はない。質問の意味を理解したら、[Yes / Noスケール]を参考にしながら、あくまでもあなた自身の答えをひとことどうぞ。

🧢 [Yes / Noスケール]で答える質問に対する応答の時間は2秒。素早い反応が求められる。

44

Round 2「補足ラウンド」とRound 3「はずみラウンド」

🪖 各ユニットのRound 2「補足ラウンド」、Round 3「はずみラウンド」のノックを返すうえで、心にとめておいてほしいポイントをスティーブ・コーチからアドバイス。

🪖 各ラウンド10本ずつのノックで、ラウンドごとにトラックが変わる。Round 2の質問ノックのあとのポーズは6秒前後、Round 3あとのポーズは10秒前後。考えている間に、あっというまに過ぎてしまう。時間内に話を展開させるために、自分なりのネタとストラテジーを考えておくことが必要。CDには使い方の説明がないから、CDの使い方をまず、しっかり理解しておこう。

🪖 答え方の説明や、話題を展開させる受け答えのパターン、テクニックなど、さまざまな角度から解説がされている。

🪖 前ページに示したRound 1 の Question と応答例。Round 2、3の応答例とあわせて3Hの展開法をつかめる。

🪖 Round 2 で答える内容は「ひとこと+補足」、Round 3 では「ひとこと + 補足 + はずみ」。

🪖 Round 3 ではRound 2 で応答した言葉にプラスして、会話のはずみになるひとことか、相手に聞き返すひとことを付け加えて相手に返す。

45

Unit 1 — Do you...?

コーチからのアドバイス

この[Yes/No スケール]で！

Do you...? に答える 基本は

右のスケールの中から、次の❶～❿について自分の言いたいことを言ってみて。

肯定の度合い／否定の度合い

→ ★★ **Yes.** 強く肯定。「そのとおり！」
→ ★ **Yeah.** 肯定するときの一般的な言い方
→ — **Well...** 答えに迷うとき。「ええと……」
→ ★ **Not really.** そうでないとき。「あんまり」
→ ★★ **No.** 否定するとき。「いいえ」

Round 1 まず ひとこと　CD1-13

① Do you have a car?
車は持ってますか？

> 車やドライブは日常会話のネタになりやすいもののひとつ。でも、こう聞かれて、決して Yes, I do. や No, I don't. のように言う必要はない。上の[Yes/No スケール]から、自分の答えをまずひと言で言ってみて。

② Do you live near here?
この近くに住んでいるんですか？

> 質問の意味は、「お住まいはどちらですか」ということ。細かく near here にとらわれて答えに悩む必要はない。直感で Yeah. か No. と答えよう。どちらとも言えないようであれば、Not really. あるいは Well... と答えれば OK。

③ Do you like your hairstyle?
自分の髪型、気に入ってますか？

> 日常会話では、このノックに類するものとして、I like your hairstlyle.「素敵な髪型ですね」とか Did you change your hairstyle?「髪型、変えた？」のようなノックが男女問わず来ることも多い。

④ Do you have friends from your old schools?
学校時代からの友だちはいる？

> old は「古い」というより「昔の、前の」の意味。例えば old boyfriend は「前の彼氏」、old apartment は「前に住んでいたアパート」。

ベイシック文型ノック
Unit 1
Do you...?

⑤ Do you get hot easily?
暑がりですか？

> このノックは Do you like hot weather?「暑いのは好きですか」とか Are you hot now?「今、暑いですか」などの質問と意図は同じ。

⑥ Do you get angry easily?
怒りっぽいほうですか？

> 答え方は、[Yes / No スケール] で、それ以外には、Sometimes.（ときどき）や Never.（決して）も OK。怒りっぽいか聞いているノックだけど、堅苦しく考えて答えに悩む必要はない。相手が誤解しないよう、補足すればいいだけ。

⑦ Do you speak any other languages?
何かほかの外国語は話しますか？

> このノックは、ほかの言葉をペラペラに話せるかどうか聞いているわけではない。speak はここでは know や understand と同じ「知っている」の意。

⑧ Do you check your horoscope?
星占いは見てる？

> 「時々」と言いたいときは Sometimes、「絶対にしない」なら Never. と言おう。この質問と同義で What's your sign?「あなたの星座は？」と聞かれることもある。

⑨ Do you belong to any religion?
何か宗教に入っていますか？

> 自分では避けたい話題だとしても、相手が聞いてくることもある。宗教の話題は大人同士の付き合いならどこかで出てくるもの。まずは、[Yes / No スケール] からひと言で。そのあとの補足は次ページで。

⑩ Do you volunteer anywhere?
どこかでボランティア活動をしていますか？

> この質問では相手は自分の興味・関心事について尋ねている。自分のやってみたいこと、していることなど気軽に話せばいい。なお、この場合、volunteer は動詞。以上 10 問、1 分以内に自分の答えを言えれば OK！

Round 2 まず ひとこと そして 補足

コーチからのアドバイス: Yeah.や No.など、ひと言のあとの「プラスワン」こそ、会話の命。

このラウンドでは、Yeah.や No.に続けてプラスワン、補足をしてみよう。コツは前のひと言を受けて「と言うのは〜」の気持ちをそのままシンプルな言葉で言うこと。避けたいのは、Do you like dogs? — Yes. I like dogs.。文法的にOKでも会話ではNG。「かならずプラスワンしなくちゃ」と意識していると、意外と早く補足ができるようになるよ。

① Do you have a car?

Yeah.
ええ。

But I don't use it often.
でもあまり運転しませんね。

No.
ないです。

I use trains or taxis.
電車やタクシーを使っています。

② Do you live near here?

Well...
ええと……

It takes about 40 minutes from here.
ここから40分ぐらいかかります。

Yeah.
はい。

I live about 10 minutes from here.
ここから10分ぐらいですね。

③ Do you like your hairstyle?

Well...
そうね……

It's OK.
普通です。

Not really.
あんまり。

I need to get a haircut.
カットしたいんだけど。

④ Do you have friends from your old schools?

Yeah.
ええ。

Most are from high school.
ほとんど高校のときの友だちだけど。

Not really.
あんまりないですね。

Sometimes I see people from my old schools.
たまに昔の学校の友だちと会うけど。

ベイシック文型ノック
Unit 1
Do you...?

Round 3 まず ひとこと そして 補足 さらに はずみ　CD1 15

コーチからのアドバイス
ポンポンと言葉が出てくるようになるには、時間制限を設けて。

第3ラウンドではいよいよ「3H」、つまり3つの文で続けて答える。最初は何を言えばいいのか言葉に詰まっちゃうかもしれない。その対策として時間制限を設けよう。こうすることで迷ったりこだわったりせずにポンポンと言葉が出てくるようになる。制限時間の目安は1ユニット2分。2分以内に10のノックに3Hで答えることを目標にしよう。

How about you?
あなたは？

So I don't need a car.
だから車は必要ないんです。

> [Yeah.＋But...]と補足、最後にHow about you?と聞き返すパターンは、いつでも使える基本型。I don't ... often.は「あまりよく〜しない」の意でよく使う表現。

I live in the suburbs.
郊外なんです。

How about you?
あなたは？

> 自分の住所を詳しく説明するときは、[I live about 何分（何キロ）from here.]のように言う。[It's about 何分（何キロ）from here.]でもOK。suburbsは都心以外の住宅街を広く指す。

What do you think?
どう思う？

How about you?
あなたは？

> It's OK.は「悪くはないけど、別によくもない」という意味。肯定的な返事ではないから要注意。What do you think?は相手の感想を軽く聞くときにピッタリな表現。

We all get together every year.
毎年みんなで集ってるの。

How about you?
あなたは？

> 「ほとんどは〜」はこの例のようにMost are....。Almost are...は間違い。almostはいつもeveryやallと組み合わせて使う。この場合の「会う」はseeでもmeetでもOK。

5. Do you get hot easily?

Well...
そうですね……

I don't mind hot weather.
暑いのはかまわないです。

Yes.
そのとおりです。

And I get cold easily too.
それに寒がりなんです。

6. Do you get angry easily?

Well...
そうですね……

When I'm tired, I get angry easily.
疲れていると、怒りっぽくなりますね。

No.
いいえ。

I'm a peacemaker.
平和主義者ですから。

7. Do you speak any other languages?

Not really.
あんまり。

I studied Spanish in school.
学校でスペイン語をやったけど。

No.
いいえ。

English and Japanese are enough.
英語と日本語でじゅうぶんです。

8. Do you check your horoscope?

No.
いいえ。

I don't believe in it.
信じていません。

Sometimes.
ときどき見ます。

It's interesting.
おもしろいですね。

9. Do you belong to any religion?

No.
いいえ。

But my parents are kind of religious.
両親は信仰深いみたいですけど。

Well...
ええと……

Most Japanese don't believe in one god.
日本人の多くは一神教ではありません。

10. Do you volunteer anywhere?

No.
いいえ。

I volunteered at a retirement home once.
一度、高齢者のホームでボランティアをしましたが。

Yeah.
はい。

I volunteer for an environmental group.
環境保護団体でボランティアをしています。

Unit 1
Do you...?

Round 3 まず ひとこと そして 補足 さらに はずみ

But I mind humidity.
でも、湿気はごめんですね。

How about you?
あなたは？

> 5〜10のノックにも「3H」で自分のことをどんどん言ってみよう。mindは「かまう」。I don't mind...で「〜はかまわない」「〜は平気」の意味。

How about you?
あなたは？

I always avoid fights.
けんかはいつも避けてるんです。

> 「何々すると、こうなる」と言いたいときは、[When＋S＋V（または、If＋S＋V）, S＋V.]で。WhenやIfのあとは必ず「主語＋動詞」で言うことがポイント。angryとmadは同義。

How about you?
あなたは？

My brain can't handle any more.
私の頭はもうこれ以上受け付けませんよ。

> handleは人に対して使えば「〜をコントロールする」。例えばI can't handle my three sons.は「3人の息子は私の手に負えない」。有名人のマネージャーのことはhandlerとも言う。

How about you?
あなたは？

But I forget it an hour later.
でも、1時間後には忘れてるよ。

> interestingは「興味深い、おもしろい」。ニュース、人の話、本などについて使う。funはもっと気軽に「楽しい」の意。例えば、アクション映画やカラオケ、友人とのチャットについて使う。

How about you?
あなたは？

But Japan has religious traditions.
でも、日本には宗教的な行事があります。

> もし自分がキリスト教徒ならI'm Christian.、仏教徒ならI'm Buddhist.のように。もちろん、Well... That's a difficult question. How about you?の3HでもOK。

How about you?
あなたは？

We pick up trash usually.
たいていはゴミ拾いです。

> 「〜でボランティアをしている」は[I volunteer at ＋場所の名前、またはfor＋団体の名前.]。ひと言答えたあとに「何を」「どこで」など付け加えて話をふくらませよう。trashはgarbageとも。

Unit 2

Are you...?

コーチからのアドバイス

この[Yes / No スケール]で「Are you...?」に答える 基本は

①〜⑩のノックの意味を確認したら、自分の答えを右のスケールから選んで言ってみて！

肯定の度合い / 否定の度合い

→ ★★ **Yes.** 強く肯定。「そのとおり！」
→ ★ **Yeah.** 肯定するときの一般的な言い方
→ ― **Well...** 答えに迷うとき。「ええと……」
→ ★ **Not really.** そうでないとき。「あんまり」
→ ★★ **No.** 否定するとき。「いいえ」

Round 1 まず ひとこと　CD1 16

① Are you free tonight?
今夜空いてる？

> 相手を誘いたいときのフレーズ。「今夜、何してるの？」は What are you doing tonight? と言う。自分自身に毎日こう問いかけて、その晩の予定を3文以上で言えるように練習すると、上達するよ。

② Are you hungry?
お腹、空いてる？

> 「少し空いている」ときは、A little.。「それほどは」と言いたいときは Not really.。「空いている」からといって、Yes, I am. I'm hungry.と言う必要はない。Yes.などのひと言のあとには、もっと中身のあることを伝えよう。

③ Are you tired?
疲れてるの？

> 「少し疲れている」なら A little.。それ以外は [Yes / No スケール] のどれかで。「すごく疲れている」ときは、Yes!と強く言うこと。「まあ疲れてます」と相手の言葉に同調するなら Yeah.が適切。

④ Are you planning to move in the future?
近い内に引っ越す予定はありますか？

> 迷ったときは、Well...が便利。次の言葉を言うまでの時間稼ぎにもなる。まず、さっと返事をすることがポイント。move は「引っ越しする」。「動く」だけではない。

ベイシック文型ノック
Unit 2
Are you...?

(5) Are you planning to travel this year?
今年は旅行に行くの？

> Are you planning to...?は「～するつもりですか」。これは、Are you going to...? とほぼ同じ。聞かれたら、まずひと言で答えること。左の[Yes / No スケール]の中から、ひとつを選んで言ってみて。

(6) Are you good at any sports?
得意なスポーツは何かありますか？

> 「別に」と言いたいとき、ひと言ですませるより、Not really. But I like...「それほどでもありませんが、～は好きですよ」と言ったほうがベター。英語にもこんな謙遜の仕方がある。

(7) Are you good at cooking?
料理は得意？

> 「少しは料理するけど、それほど上手ではない」と言いたければ、A little.でOK。これも一種の謙遜の表現。I'm pretty good.なら「まあまあです」。あとは[Yes / No スケール]で。

(8) Are you used to eating spicy food?
スパイシーな料理は大丈夫ですか？

> 質問の意図は「辛いものは平気？」。be used to...は「～に慣れている」の意。[S + used to + V.]「以前はよく～した」と混同しないようにしよう。

(9) Are you getting used to my questions?
僕の質問（ノック）には慣れてきましたか？

> 「～に慣れてくる」はget used to...で。「新しい場所や仕事に慣れてきた、落ち着いた」は、settle down とも言う。Are you getting used to the 3H technique?「3H 法則には慣れてきた？」

(10) Are you enjoying this CD?
この CD 教材は楽しい？

> このノックは「楽しんでますか」の意味だが、enjoyは単独で Are you enjoying?のようには言えないことに注意。必ず、「～を」に当たる言葉が enjoy のあとにくる。例えば enjoy yourself、enjoy this concert など。

Round 2 まず ひとこと そして 補足 CD1 17

コーチからのアドバイス
一問一答から脱するためには、この補足ラウンドが勝負。

何か聞かれて Yeah. や No. で終わりということは、普通、リアルな会話ではあり得ない。だから補足ラウンドでプラスワンを言うことがとても大事。例文を自分なりにアレンジしてみて。それから、言いたいことはかみくだくこと。例えば「仕事が山積みです」は「山積み」にこだわらないで I'm busy tonight. と、とりあえず言ってみることが大切。

---

① Are you free tonight?

Well...
ええと……

I'm busy until about 7.
7時頃まで忙しいんだけど。

Yeah.
よい。

I don't have any plans.
用事はないですよ。

---

② Are you hungry?

Not really.
あんまり空いていません。

I just had lunch.
ランチをしたばかりだから。

Yes!
空いています！

My stomach's growling.
お腹がぐるぐる鳴ってます。

---

③ Are you tired?

Yeah.
ええ。

I went to bed late.
寝たのが遅くって。

Not really.
あんまり。

Thanks for asking.
気づかってくれてありがとう。

---

④ Are you planning to move in the future?

No.
いいえ。

Moving is too much trouble.
引っ越しは面倒だし。

Well...
そうねぇ……

I'd like to move.
引っ越したいんですけどね。

Unit 2
Are you...?

Round 3 まず ひとこと そして 補足 さらに はずみ　CD1 18

コーチからのアドバイス
「はずみラウンド」の万能選手は How about you?

会話は言葉のキャッチボール。受けた球は捕るだけでなく、必ず返す、これが鉄則。この第3ラウンドでは、相手から言葉を引き出す質問やコメントを返すようにしよう。
この「はずみラウンド」で万能なフレーズは、How about you?。このように「あなたはいかがですか」と聞き返すことは、マナーでもあるし、話をはずませる潤滑油にもなる。

How about you?
あなたは？

Would you like to do something?
何かしたい？

> 「予定がある」はI'm busy.やI have plans.と言う。相手に何かしたいかと尋ねるとき、Do you want to...?はカジュアル。Would you like to...?が相手を問わず丁寧だから、おすすめ。

How about you?
あなたは？

I haven't had dinner yet.
まだ夕飯を食べてないんです。

> I just had lunch.のjustは「ちょうど〜したところ」の「ちょうど」の意。現在完了形でなく、過去形と組み合わせて使うことのほうが実は多い。growlはもともと「吠える」。

I e-mailed my friends all night.
ひと晩中友だちとメールし合ってたから。

How about you?
あなたは？

> Yeah.と相手の言葉に同意したあと、なぜ疲れているか2文で伝えている。このようにひと言で答えたあと、「というのは〜」と続けると、話をふくらませやすくなる。

How about you?
あなたは？

I'd like to live closer to the city.
もっと都心に近い所に住みたいですね。

> この質問には「引っ越しは面倒、高い」のような意見だけでなく、「今の住まい」「理想の家」について話を発展させていってもいい。I'd like to...はI want to...より丁寧。さっと言えるように。

Round 2 まず ひとこと そして 補足

5. Are you planning to travel this year?

- Yeah. はい。
  I'm going to see a friend in Brazil.
  ブラジルの友だちに会いに行きます。

- No. いいえ。
  I wish I could go somewhere.
  どこか行ければいいのだけど。

6. Are you good at any sports?

- No. ないですね。
  I used to play basketball in school.
  学校でバスケットボールはやってたんだけどね。

- Well... ええと……
  I play tennis almost every week.
  ほとんど毎週テニスはしてるけど。

7. Are you good at cooking?

- Well... そうですねぇ……
  I like cooking Japanese and Chinese food.
  和食と中華を作るのは好きですね。

- Not really. あんまり。
  But my husband is good at cooking.
  でも、うちの夫はうまいですよ。

8. Are you used to eating spicy food?

- Yeah. はい。
  I love spicy Asian foods.
  スパイシーなアジアン料理は大好きなんです。

- Not really. あんまり。
  I prefer non-spicy foods.
  スパイシーじゃない食事のほうが好きですね。

9. Are you getting used to my questions?

- Yeah. ええ。
  I see how to do it now.
  やっとやり方がわかりました。

- Not yet. まだです。
  It's still difficult for me.
  私にはまだ難しいですね。

10. Are you enjoying this CD?

- Yes! そのとおり！
  This is a perfect book for me.
  私には持ってこいです。

- Well... そうですね……
  I'm still struggling.
  まだ悪戦苦闘しています。

Unit 2
Are you...?

How about you?
あなたは？

But I can't find the time.
でも都合がつかなくって。

> see は「会う」。この場合は meet や visit と言ってもいい。[I'm going to ＋動詞]は未来のことを言うときに広く使える基本表現。

How about you?
君は？

But I'm not that good.
でも、それほどうまくないんだ。

> [almost every ＋なになに]で、「ほとんど毎〜」の意。almost week とは言わないから要注意。I'm not that good. の not that good は「そんなに上手でない」。[not that ＋形容詞]は活用範囲大。

How about you?
あなたは？

Do you cook often?
料理はよくしますか？

> 聞き返しはとても大切。相手に興味を示すこと、相手に話の水を向けて自分が聞き手にまわることが大事。How about you? だけでなく「よく料理するの？」と自分で質問を作ってもOK。

How about you?
あなたは？

But sometimes I have curry.
でも、たまにカレーは食べますよ。

> spicy の反対語には mild もあるが、より明確なのは、non-spicy。ものに対して「〜は大好き／大好物」の意味で I love... とよく言う。

But it was tough at first.
でも、はじめは大変でした。

But I'll do my best.
でも、がんばります。

> I see how to do it. の see は「わかる」。understand と同義。相手の言うことに「わかった、なるほど」とあいづちを打つときは、I see.。「がんばる」は try や do my best。

I need to practice speaking.
スピーキングの練習が必要なので。

But eventually I'll get used to it.
でも、そのうち慣れるでしょう。

> I need to... は「〜しないと」「〜する必要がある」の意。同じ文脈で I must... はあまり使わない。eventually は「そのうち」。日常会話に頻出。言えるようにしておこう。発音は「イベンチェリ」。

Unit 3 — Did you...?

コーチからのアドバイス
この[Yes/No スケール]で!

Did you...? に答える　基本は

Yes, I did. / No, I didn't. と長く言う必要はない。1分以内に ❶〜❿ に答えてみて。

肯定の度合い ↑
否定の度合い ↓

- ★★ **Yes.** 強く肯定。「そのとおり！」
- ★ **Yeah.** 肯定するときの一般的な言い方
- — **Well...** 答えに迷うとき。「ええと……」
- ★ **Not really.** そうでないとき。「あんまり」
- ★★ **No.** 否定するとき。「いいえ」

Round 1 まず ひとこと　CD1 19

① Did you have breakfast today?
今朝、ごはんは食べました？

> 答えは、上のスケールのうちのどれかで。完了形の Yes, I have. か過去形の Yes, I did. かなどと悩まずにただ Yes. とか No. とかひと言で言えば OK。この次のラウンドでプラスワン補足できるかどうかがポイント。

② Did you see the news today?
今日はニュース見ました？

> このノックを打ってきた相手は、あなたがニュースを見たかどうか知りたいというより、チャットの糸口としてこう聞いているだけ。ニュースは、天気に続いてポピュラーな話題のひとつ。

③ When you were a child, did you travel with your family?
子どもの頃、家族旅行しましたか？

> 長めのノックだが、「〜のとき、〜した？」のような質問はよく聞かれるもののひとつ。答え方は上のスケールの例以外では、Sometimes.「ときどき」とか、Only once.「一度だけ」もあり。

④ When you were a child, did your family ever move?
子どもの頃、引っ越ししたことありますか？

> 「引っ越しする」はひと言 move で。「1回引っ越しました」I moved once. のように文末で頻度を言ってもいい。ちなみに ever は「これまで」の意味では疑問文にしか使わないから注意。強く肯定したいときは、きっぱりと Yes! で。

ベイシック文型ノック
Unit 3
Did you...?

(5) Did you sleep well last night?
夕べはよく眠れました？

🆂 朝のあいさつの一環として、天気の話題のあとにだいたいこのノックがくる。まずひと言、タイミングよく答えよう。でも、それだけで終わらせると、「あなたと別に話したくない」という非言語メッセージを伝えてしまうから注意。

(6) Did you e-mail a lot today?
今日はたくさんメールしました？

🆂 a lot「たくさん」ってどの程度だろうなんて悩まずに、自分の直感でまず答えよう。会話はやり直しのきかないテストではない。相手にうまく伝わらなければ、補足していけばいい。3Hで言えば必ず伝わる。

(7) Did you like your high school?
高校は好きでした？

🆂 このノックに類するものに What kind of high school did you go? 「どんな高校に行ってたの？」や Tell me about your high school. 「あなたの高校について話して」がある。

(8) Did you go to college?
大学には行きましたか？

🆂 Where did you go to university? 「大学はどちらに？」もよく聞かれるノック。答えのポイントは、大学名（固有名詞）を避けること。特に外国人は日本の大学名はあまり知らない。

(9) Did you use English this week?
今週英語を使いましたか？

🆂 このノックに類するものに How often do you use English? 「どのくらい英語を使うの」とか Have you talked to anyone in English recently? 「最近、誰かと英語で話した？」などがある。

(10) Did you answer all ten questions?
10の質問（ノック）には全部答えましたか？

🆂 このノックの意図は、「どう、うまくいってる？」ということ。あなたがちゃんと答えた数を明確に知りたいということではない。
　さあ、ここまでの10問、1分以内にひと言で答えられた？

Round 2 まず ひとこと そして 補足

CD1 20

コーチからのアドバイス
No. と答えたあとほど、補足が大切。

質問されて No. や No, I didn't. だけでおしまいにすると、相手が「この人は私と話したくないんだ」と思ってしまう。例えば ❷ の「今日ニュース見た？」に「いえ、見てません」No. I didn't see the news. の答えは文法的には○だけど、会話マナーとしては×。「いえ、忙しくて」などとプラスワンすること。もちろん Yes. と答えたあとも同じく補足が大事。

---

① Did you have breakfast today?

- **Yeah.** はい。
  Breakfast is the most important meal.
  朝ごはんはいちばん大事な食事です。

- **No.** いいえ。
  I skipped breakfast... again.
  また今日も食べ損っちゃって。

② Did you see the news today?

- **Yeah.** ええ。
  There was an earthquake somewhere.
  どこかで地震があったみたいです。

- **No.** いいえ。
  I didn't have time this morning.
  今朝は時間がなかったので。

③ When you were a child, did you travel with your family?

- **Yeah.** ええ。
  We traveled together every summer.
  毎年夏に旅行しました。

- **Not really.** あんまり。
  We went to Hawaii once.
  一度ハワイには行きました。

④ When you were a child, did your family ever move?

- **Yes!** そのとおり！
  I went to four elementary schools!
  4つの小学校に通ったんですよ！

- **No.** いいえ。
  I've lived in the same house all my life.
  ずっと同じ家に住んでいます。

Unit 3
Did you...?

Round 3 まず ひとこと そして 補足 さらに はずみ CD1 21

コーチからのアドバイス　相手の言葉を引き出し、会話にはずみをつけるには？

「はずみ」の言葉は聞き返しの文とは限らない。さらに補足をすることで、相手に話の水を向けたり、言葉を引き出すことができる。例えば❶。「もっとちゃんと食べないと」と言えば、相手もYeah. Me too. と返してくるはず。❸も「ハワイに思い出がある」と言えば、I'd love to go too.「私も行きたい」などと、相手もあなたのボールをキャッチして何か返してくれるはず。

How about you?
あなたは？

I need to eat more regularly.
もっとちゃんと食事をしないと。

🔹 important も文字通り大事な言葉。「大切な、重要な、必須の、欠かせない」。skip は「抜かす」。I need to... は「私〜しないと」という意味。

Did you hear about it?
知ってました？

How about you?
あなたは？

🔹 ニュースについて聞かれていても難しい時事英語は不要。あるニュースやゴシップを話題にしたら、Did you hear about it? などと相手に返すことも忘れずに。

How about you?
あなたは？

I have good memories of Hawaii.
ハワイにはいい思い出がありますね。

🔹 travel の意味で、単に go を使っても OK。例えば、「去年ヨーロッパを旅行した」は、I went to Europe last year.。一方 trip は動詞ではなく、go on a trip、take a trip のようにフレーズで使う。

We moved because of my dad's job.
父の仕事の関係で。

How about you?
あなたは？

🔹 all my life は「これまでの人生ずっと」の意。[I've lived ＋どこどこ＋期間.] で「どこどこに〜くらい住んでいた」の意。

Round 2　まず ひとこと　そして 補足

(5) Did you sleep well last night?

Yeah. はい。
I slept like a baby. 赤ちゃんみたいにぐっすり。

No. いいえ。
I couldn't go to sleep at all. 全然眠れませんでした。

(6) Did you e-mail a lot today?

No. いいえ。
I was too busy. 忙しすぎたので。

Yeah. はい。
I e-mailed about ten people. 10人くらいにメールしましたね。

(7) Did you like your high school?

Yeah. ええ。
It wasn't strict. 厳しくなかったですしね。

Well... そうですね……
I made some good friends. いい友だちは数人できました。

(8) Did you go to college?

Yeah. はい。
But I didn't study a lot. でもあまり勉強はしませんでしたね。

No. いいえ。
I started working after high school. 高校を出て就職しましたから。

(9) Did you use English this week?

Well... ええと……
Someone asked me for directions. 道を聞かれましたが。

No. いいえ。
No one speaks English around me. 私のまわりには英語を話す人がいないんです。

(10) Did you answer all ten questions?

No. いいえ。
My mind went blank sometimes. ときどき頭が真っ白になってしまって。

Yeah. ええ。
I want to do better next time though. でも次回はもっとうまく答えたいです。

Unit 3
Did you...?

How about you?
あなたは？

I don't know why.
どうしてだか。

> 「爆睡した」「泥のように眠る」は sleep like a baby。I don't know why.は会話にはずみをつけるいいフレーズ。

How about you?
あなたは？

It took three hours!
3時間もかかりましたよ！

> 「3時間かかった」はItを主語にして、It took three hours.と言う。主語のItを忘れないで。「お金が〜かかった」はIt cost...で表す。

Was your high school strict?
あなたの高校は厳しかった？

How about you?
あなたはどうでした？

> 「高校は自由だった」は、It was free.でも通じるが、It wasn't strict.とか We didn't have a lot of rules. のほうが伝わる。迷ったら思いつくまま全部言おう。

I just had a good time.
ただ楽しかったですね。

How about you?
あなたは？

> 補足しようとして、I went to Hokunan University in Minami City. なんて固有名詞のオンパレードは逆効果。大学キャンパスの様子、自分が学んだことなどで話をふくらまそう。

I panicked and couldn't say anything.
パニックになって何も言えませんでした。

How about you?
あなたは？

> ask...for directions は「〜に道案内を頼む」。「たまに友だちに英語でメールする」なら、I e-mail friends in English sometimes.。

So I'm going to try again.
だからもう一度挑戦します。

You have more questions, right?
もっと質問があるんですよね？

> my mind は「自分の頭、脳」のこと。日本語でいう「マインド」は、英語では heart だ。go blank は「真っ白になる」。
> 以上で3Hノックが90本終わったね。引き続きがんばろう。

Unit 4 — Do you ... often?

コーチからのアドバイス
この [Yes/No スケール] で！

Do you...often? に答える 基本は

often の定義は「週に何回以上」なんて決まっていない。直感で素早く答えることが大事。

肯定の度合い ↑ / 否定の度合い ↓

- ★★ **Yes.** 強く肯定。「そのとおり！」
- ★ **Yeah.** 肯定するときの一般的な言い方
- ― **Well...** 答えに迷うとき。「ええと……」
- ★ **Not really.** そうでないとき。「あんまり」
- ★★ **No.** 否定するとき。「いいえ」

Round 1 まず ひとこと　CD1 22

① Do you watch TV often?
テレビはよく見ますか？

> 答えに迷ったら、Well... で時間稼ぎして、あとで補足を。often は文中にもおけるが、文末におくことにすれば迷わないですむ。英語では、語順の大原則は「S + V」そして、文末に「時間」「場所」「頻度」を表す言葉。

② Do you listen to music often?
音楽はよく聞きますか？

> 答え方は、上のスケールのいずれかで。このノックに3Hの受け答えができれば、What kind of music do you like? などのほかの音楽の話題系ノックもばっちり。

③ Do you eat at home often?
食事はいつも家でしますか？

> 「時と場合によります」と答えたいなら、It depends. で。頻度を詳しく答えるなら、I eat at home three times a week.（週に3日は家で食べます）のように。

④ Do you watch movies often?
映画はよく見ますか？

> 映画も万国共通の日常会話のトピック。自分の好きなジャンル、作品、俳優、その理由などてきぱき言えるようにしておくといい。ひと言で答えたあと、次ラウンドでの補足は必須。

Unit 4
Do you...often?

5. Do you go to *karaoke* often?
カラオケにはよく行きますか？

*karaoke*は今や完全に英単語になった。でも、アメリカでの発音は「ケルオキ」に近い感じ。僕も最初に聞いたときわからなかったほど。海外のたいていの大都市にはカラオケ・バーもある。

6. Do you use your cell phone often?
携帯電話はよく使いますか？

携帯電話も今では世界共通のチャットのトピック。oftenと聞いているが使用頻度を尋ねたいわけではない。Do you talk on your cell phone often?と同じ意味。

7. Do you go out with friends often?
友だちとよく遊びに行きますか？

このノックは「友だちといつもどんなことをするの」「友だちと集まると何するの」の意。go out with friendsは「友だちと遊びに行く」。「遊ぶ」だからといってここでplayは使わない。

8. Do you use taxis often?
タクシーはよく使いますか？

Yes.かNo.か、ぱっと答えに迷う場合は、ひとまずWell...で。
　時間制限を設けてノックの練習をすると、会話に必要な瞬発力も同時に鍛えることができておすすめ。

9. Do you travel by airplane often?
飛行機はよく乗りますか？

Do you fly often?も同義。頻度について詳しく聞かれているわけではないから、まずさっと[Yes / Noスケール]で答えて。頻度について言いたければ次ラウンドでI fly about...per year.「1年に〜回くらい乗ります」と言えばいい。

10. Do you use the Internet often?
インターネットはよく使いますか？

「どの程度、どんなふうにインターネットを使っていますか」というノック。use the Internetは、生活やビジネスで目的をもって使うこと。類似表現のsurf the Internetは、自分が興味のあるテーマで次々にリンクをたどってネットを見ていくこと。

Round 2 まず ひとこと そして 補足

CD1 23

コーチからのアドバイス
少し難しい球に対しては、厳密に答えようとしないこと。

相手からの質問に何と答えていいものか即座に答えられない場合も多いと思う。それが普通。でも、この本のノックはすべて実際によく聞かれるリアルなものばかり。だからちゃんと取り組んで損はない。例えば❸、❼、❿のような難しいノックの受け方の秘訣は、厳密に答えようとしないこと。自分が言いやすい方向に話をもっていくとラク。

---

① Do you watch TV often?

- **No.**
  いいえ。
  Sometimes I watch documentaries.
  たまにドキュメンタリー番組を見ますが。

- **Yeah.**
  はい。
  I always watch morning news shows.
  いつも朝のニュース番組を見ています。

② Do you listen to music often?

- **Yeah.**
  ええ。
  I like all kinds of music.
  どんな音楽でも好きですけどね。

- **Well...**
  ええと……
  I listen to the radio while I work.
  仕事中にラジオを聞きますけど。

③ Do you eat at home often?

- **Yeah.**
  ええ。
  I only go to restaurants for special occasions.
  レストランに行くのは特別なときだけですね。

- **Not really.**
  あんまり。
  I have breakfast at home.
  朝食は家で食べます。

④ Do you watch movies often?

- **Well...**
  ええと……
  I like going to the movie theater.
  映画館へ行くのは好きですよ。

- **Yeah.**
  ええ。
  I rent a DVD almost every week.
  だいたい毎週DVDを借りています。

Unit 4
Do you...often?

Round 3 まず ひとこと そして 補足 さらに はずみ CD1 24

コーチからのアドバイス
Well... と答えた、その心は？
補足ラウンドで素直に伝えよう。

ノックへの返答に迷うとき、便利なのが Well...。まずこれを言ったあとは、その迷う気持ちを素直に補足していこう。例えば ❹ のように、「映画をよく見ますか？」に対して Well... と答えた、その心は？「映画館で映画を見るのは好きだけど、最近はあんまり行っていない」。これは一文では伝えられない。3H そろって初めて言えること。

Do you like documentaries?
ドキュメンタリーは好きですか？

How about you?
あなたは？

⑤. sometimes や usually も頻度を表す言葉だが、例文のように文頭にもくる。文中なら動詞の後だが、品詞を考えながら話すわけにもいかない。このふたつは文頭か文末で言うと決めておけばラク。

But I'm into jazz recently.
最近ジャズにはまってるんです。

How about you?
あなたは？

⑤.「〜にハマっている／〜に凝っている」は I'm into...で。「最近は／この頃は」と付け加えるときは recently を文末に。「いろいろな音楽」は many kinds of music。

How about you?
あなたは？

But I have lunch and dinner at restaurants.
でも昼食と夕食は外食ですね。

⑤.「外食する」は I eat out. とも言う。for special occasions は「何かあったとき」。直訳だと「特別な行事には」だがもっと気軽に使う。

But I haven't been recently.
でも最近は行ってませんね。

How about you?
あなたは？

⑤.「最近は〜してない」は I haven't...recently.。日本語でも「レンタル」というが、rent は「お店から借りる」場合。「友だちから借りる」は borrow を使う。lend「貸す」と混同しないで。

Round 2　まず ひとこと　そして 補足

(5) Do you go to *karaoke* often?

- **Well...** そうですね……
- **I don't go as much as I used to.** 前ほど頻繁には行かなくなりましたね。

- **No.** いいえ。
- **I don't like to sing in front of people.** 人前で歌うのは好きじゃないんですよ。

(6) Do you use your cell phone often?

- **Well...** ええと……
- **I only receive calls.** 受ける専用です。

- **Yeah.** ええ。
- **It's really useful.** すごく便利ですよ。

(7) Do you go out with friends often?

- **Yeah.** はい。
- **Usually we go to restaurants together.** たいていは一緒にレストランに行きますね。

- **Not really.** あんまり。
- **But I go out with people from work.** でも同僚とは出かけますよ。

(8) Do you use taxis often?

- **Yeah.** ええ。
- **I miss the last train a lot.** しょっちゅう終電に乗り遅れるので。

- **No.** いいえ。
- **Only when it rains.** 雨のときだけ。

(9) Do you travel by airplane often?

- **Not really.** そんなに。
- **I like to travel abroad though.** 海外旅行は好きですけど。

- **Yeah.** ええ。
- **I fly on business mostly.** ほとんど商用ですけどね。

(10) Do you use the Internet often?

- **Yes!** よく使ってます。
- **I couldn't live without the Internet.** インターネットなしでは生きられませんね。

- **Well...** そうですね……
- **I e-mail a lot.** よくメールはしますけど。

Unit 4
Do you...often?

How about you?
あなたは？

Unless I'm really drunk.
よほど酔っ払っていないかぎりね。

> [unless ＋ S ＋ V]は、「S ＋ Vでない限り」の意味。I won't go unless you go.は「あなたが行かない限り私も行きません」。

Making calls is so expensive!
こっちからかけるのはすごく高いので！

How about you?
あなたは？

> receive は「電話を受信する／電話を受ける、とる」の意。get も同義で使える。「値段が高い」は expensive。「安い」は cheap や inexpensive。「便利」は useful か convenient で。

How about you?
あなたは？

Do you ever go out with people from work?
職場の人たちと出かけたりします？

> 「同僚」や「会社の人」は people from work と言う。colleagues とか co-workers は実際はあまり使われていない。

So I have to use them.
だから使うことになっちゃいます。

How about you?
あなたは？

> 国によってタクシー事情もいろいろ異なるもの。相手国での様子を知りたいときは、What are taxis like in your country? とか Are they different? のように聞き返そう。

I go about once every two years.
2年ごとくらいに旅行してます。

How often do you fly?
どのくらい飛行機を使ってます？

> 「海外に行く」は I go overseas/abroad.とか I visit foreign countries.とも言える。

How about you?
あなたは？

Do you e-mail often?
メールはよくしますか？

> a lot は「よく」「たくさん」「いっぱい」の意。much や many が限定的なのに対し、何にでも使えて便利。

Unit 5 — Where...?

コーチからのアドバイス： このユニットから5W1Hの文型ノックに入ります。

Yes-No Questions の受け答えは、これまでのユニットでずいぶん練習してきた。このユニット5からは、WH Questions のノックを受けてもらう。でも最重要ポイントは同じ。例えば、「どこで生まれたの？」なら Japan. とひと言。I'm from...なのか I come from...なのか悩む必要はない。答えに迷ったら、Well...や I'm sorry I'm not sure. で受け答えよ

Round 1 まず ひとこと

1) Where's the bathroom?
お手洗いはどこですか？

- That way.
  あっちです。
- I'm sorry I'm not sure.
  ごめんなさい。よくわかりません。

道を聞かれたら、方向を指さしながらまずひと言 That way. と返すことを定番ノックで練習した。ここではテンポをくずさず、3Hノックに挑戦しよう。

2) Where's a good restaurant near here?
この辺でおいしいレストランはどこですか？

- Well...
  そうですね……
- Near the station.
  駅の近くにありますよ。

旅行中に自分でも使えるノック。聞かれたときは、まずひと言、方向や店名などを言おう。次のラウンドで補足を。

3) Where's the nearest train station?
最寄りの駅はどこでしょう？

- Over there.
  あそこです。
- That way.
  あっちのほうです。

このノックもよく聞かれるもの。道案内を3Hでテンポよく言えるようにチャレンジしよう。

4) Where were you born?
生まれはどちらですか？

- Japan.
  日本です。
- Northern Japan.
  日本の北部です。

生まれた場所や出身を外国人に聞かれたら、まず国名か2番目のようにだいたいの位置を東西南北で言えばOK。

Unit 5
Where...?

(5) Where do you usually eat lunch?
いつもどこでランチをしますか？

- **My desk.**
  自分のデスクで。
- **Restaurants.**
  レストランです。

> 「どこで〜ですか」と聞かれたら、場所の名前をまずひと言返すのが基本。固有名詞はダメ。「いつも決まってない」なら It depends.。

(6) Where do you want to go for your next vacation? 次の休暇はどこへ行きたいですか？

- **Italy.**
  イタリアですね。
- **There are so many places.**
  いろんな所に行きたいですね。

> まずひと言で、行きたいと思っている国や地域名を。わからないときは Well...。そして I'm not sure.と言おう。

(7) Where's a good place to visit in Japan?
日本でおすすめの場所は？

- **Hida Takayama.**
  飛騨高山ですね。
- **Well...**
  そうですね……

> 最初の例文はいきなり固有名詞でガツンときたね。ほとんどの外国人は飛騨高山に限らず日本の観光名所について知らない。ちゃんとあとで補足しよう。

(8) Where are the best hot springs in Japan?
日本でいちばんいい温泉はどこですか？

- **In the north.**
  北部がいいですよ。
- **Well...**
  そうですね……

> 東西南北、どのエリアにあるか言うことで、固有名詞を避けることができる。もし固有名詞をあえて言うなら次のラウンドで補足を。

(9) Where are the next Olympics?
次のオリンピックはどこでしたっけ？

- **London.**
  ロンドンです。
- **Well...**
  ええと……

> このようなノックには、ひと言、地名で返すしかない。わからないときは、Well... I'm not sure.で会話をつなごう。

(10) Where did you get this book?
この本はどこで買いましたか？

- **A bookstore.**
  書店で。
- **An on-line store.**
  オンラインショップで。

> 「覚えてない」なら、I don't remember.。「もらいました」は It was a present.や My friend gave it to me.。present はこの意味では動詞として使わない。

Round 2 まず ひとこと　そして 補足

CD1 26

コーチからのアドバイス
道案内では、所要時間や距離をこのラウンドで。

Where...?のノックで多いのが道案内を頼まれるケース。ベストな答え方は、❸の例のように、まずひとことラウンドで、大まかな方向を言葉とジェスチャーで示したあと、この補足ラウンドで、It's about three minutes from here. のように、だいたいの所要時間や距離を言ってあげること。細かく正確に説明するより、このほうが相手の役に立つよ。

---

①　Where's the bathroom?

That way.
あちらです。

It's on the right.
右側です。

I'm sorry I'm not sure.
ごめんなさい。よくわかりません。

I'll ask.
聞いてみますね。

---

②　Where's a good restaurant near here?

Well...
そうですね……

There's a good Japanese restaurant called Shiki.
「四季」といういい日本料理屋があります。

Near the station.
駅の近くにありますよ。

It's that way.
あっちのほうです。

---

③　Where's the nearest train station?

Over there.
あそこです。

It's about three minutes from here.
ここからだと3分くらいです。

That way.
あっちのほうです。

Go straight about three minutes.
3分ほどまっすぐ行ってください。

---

④　Where were you born?

Japan.
日本です。

In a suburb of Tokyo called Kichijouji.
吉祥寺という東京の郊外です。

Northern Japan.
日本の北部です。

But I moved to Osaka when I was 8.
でも8歳のときに大阪に引っ越しました。

Unit 5
Where...?

Round 3 まず ひとこと そして 補足 さらに はずみ CD1 27

コーチからのアドバイス

自分の提案をちょっとアピールするはずみの言葉。

❽のように、「日本でいい温泉はどこですか」といった情報を求めるノックに対して、自分のオススメを伝えたら、はずみラウンドでは Doesn't that sound great? と言ってみて。

これは、直訳すれば「自分が前に言ったこと (that) は、よさそうに聞こえるでしょ？」の意。自分の提案をこんなふうにアピールして相手の反応を引き出せれば、会話上手。

Shall I show you?
ご案内しましょうか。

Just a moment.
ちょっと待っててください。

⚾ 方角を示してあげるだけでもOK。「ここから何分ぐらいです」とか「左手にあります」のようにステップ・バイ・ステップで説明ができるように練習しよう。

Do you like Japanese food?
和食はお好きですか？

Shall I draw a map?
地図を描きましょうか？

⚾ コミュニケーションはコラボレーション。メッセージをお互いに理解し合っているかどうかを確認しながら行うこと。例文のように相手の様子に応じて Shall I draw a map? と言うと親切。

It's called Higashi Station.
東駅という駅です。

Then ask someone again, OK?
それからもう一度誰かに聞いてもらえますか？

⚾ この例文はどちらも道案内の3H 黄金ルールにそったもの。つまり 1. 方角を示す、2. It's...所要時間を示す、3. 補足または確認。3H でも道案内はできた？

How about you?
あなたはどこで生まれたんですか？

It's in western Japan.
日本の西部です。

⚾ 自分の生地や住所を尋ねられて Japan. で終わらせないで。固有名詞を言うときは、例文の in a suburb of Tokyo のような文脈作りが必要。有名な大都市を例に出して説明すると伝わりやすい。

Round 2

5. Where do you usually eat lunch?

My desk.
自分のデスクで。

I usually bring my lunch to work.
ふだんはお弁当を持っていくんです。

Restaurants.
レストランです。

But sometimes I eat at home.
たまに家で食べることもありますが。

6. Where do you want to go for your next vacation?

Italy.
イタリアですね。

I've been once.
一度行ったことがあります。

There are so many places.
いろんな所に行きたいですね。

But I need time and money.
でも時間とお金がないとね。

7. Where's a good place to visit in Japan?

Hida Takayama.
飛騨高山ですね。

It's a historic town in the mountains.
山中にある歴史の古い町です。

Well...
そうですね……

People always go to Kyoto.
みなさんはよく京都に行かれますが。

8. Where are the best hot springs in Japan?

In the north.
北部がいいですよ。

You can enjoy hot springs under the falling snow.
雪の降る中での露天風呂はいいですよ。

Well...
そうですね……

Almost all hot springs are wonderful.
ほとんどどこの温泉もいいですよ。

9. Where are the next Olympics?

London.
ロンドンです。

But I'm not sure.
でもどうだったかな。

Well...
ええと……

There are the Summer and Winter Olympics.
夏と冬のオリンピックがありますけど。

10. Where did you get this book?

A bookstore.
書店で。

The title intimidated me.
タイトルに驚かされましてね。

An on-line store.
オンラインショップで。

They delivered it to my house.
家まで配達してくれるんですよ。

Unit 5
Where...?

Round 3 まず ひとこと そして 補足 さらに はずみ

I'm a workaholic.
ワーカホリックなんです。

How about you?
あなたは？

> bring to...は「〜に持ってくる」。日本語だと「仕事場に持っていく」と言うが、英語では目的地の仕事場を起点にみて bring を使う。workaholic は「仕事中毒」。alcoholic は「アルコール中毒」。

And I'm dying to go back!
また行きたくってしょうがないんです！

How about you?
あなたは？

> [I'm dying to + V.]は、「死ぬほど〜したい」。つまり「どうしても〜したい」「本当に本当に〜したい」の意。

It has great food, sites and greenery.
おいしい食べもの、名所、すばらしい緑があります。

But what would you like to do in Japan?
日本では何がしたいですか？

> 「飛騨高山」をおすすめした責任として、どういう歴史をもつのか、何が素晴らしいのか、と短文を連ねて補足説明。これでやっと「ひとことラウンド」で言った固有名詞が生きてくる。

Doesn't that sound great?
よさそうでしょう？

You can't go wrong.
ハズレはないですね。

> Doesn't that sound great? は会話でよく使う相手への聞き返しフレーズ。that は今までしてきた自分の話すべてを指す。「よさそうでしょ？」と相手に同意を促すニュアンス。

Are you a big fan of the Olympics?
オリンピックが大好きなんですか？

Which one do you want to know about?
どっちですか？

> ひと言答えたけれど、自信がない、というときは、例文のように、...but I'm not sure.を。I'm a big fan of...は「〜の大ファンです」の意。

But this is a good challenge for me.
でもいいチャレンジになりますよ。

It's so convenient, isn't it?
すごく便利だと思いません？

> intimidate...は「〜を驚かす、こわがらせる」の意味。発音は「インティミデッ」。deliver は「配達する」。「デリバリー」は日本語にもなっているね。

Unit 6 — What ...?

コーチからのアドバイス: Whatの疑問文は、あなたに情報提供を求めている！

情報提供を求めるノックには、情報そのものをズバリ言うこと。フルセンテンスで言う必要はない。例えば好きな季節を聞かれたとき、The season I like best is...は不要。それよりズバリひと言、Summer.のように言おう。

気をつけたいのは、やはり固有名詞。成り行きで固有名詞を言わざるを得ない場合は、前後できちんと補足しよう。

Round 1 まず ひとこと　CD1 28

1) What season do you like best?
どの季節がいちばん好きですか？

- **Autumn.** 秋ですね。
- **Spring.** 春です。

> 世界のほとんどの国には四季があるから、このノックはユニバーサル。答え方は四季のほかに、Christmas.「クリスマス」とか、New Year's.「お正月」など。

2) I'm sorry... What was your name, again?
すみません。もう一度お名前をいただけますか？

- **Hideaki.** ヒデアキです。
- **Hideko.** ヒデコです。

> 名前は一度で聞き取れなくて普通。だからこのノックも頻度高。What was...again?は「〜は何でしたっけ？」

3) What drink do you order at restaurants?
レストランで飲み物は何を注文するんですか？

- **Well...** そうですね……
- **Coffee or tea.** コーヒーか紅茶です。

> Draft beer.「生ビール」とか、Wine.「ワイン」のようにまず簡単にひと言で。「北欧のビールが好き」「ワインは白より赤が好き」などは次ラウンドで。

4) What would you like to have for dinner tonight?
今夜の食事は何にしましょうか？

- **Anything.** 何でもいいです。
- **Japanese.** 和食がいいですね。

> 「あなたにお任せします」なら、It's up to you.。これは、「あなたの好きなように決めていいですよ」の意味。

Unit 6
What...?

(5) What are you good at?
得意なことは何ですか？

- **Well...**
  そうですね……
- **Maybe golf.**
  ゴルフかな。

> 得意だけど自慢したくないという謙遜の気持ちは、[Maybe + ~.]とか Well...でじゅうぶん表せる。でも、就職面接ではあいまいにしないで明快に答えたい。

(6) What kind of music do you like?
どんな音楽が好きですか？

- **Classical.**
  クラシックです。
- **All kinds.**
  どんな音楽でも。

> 「クラシック音楽」は、Classic でなく Classical (music)。「ジェイポップ」はそのままでは通じにくい。Japanese rock / popular music で。

(7) What subject did you like to study in school?
学校ではどの科目が好きでしたか？

- **Music.**
  音楽です。
- **I don't remember.**
  覚えていません。

> 「特にない」と答えたいときは、Nothing in particular.で。ジョークで Lunch.「昼食」とか Recess.「休み時間」と答えてもナイス。

(8) What websites do you usually check?
いつもどんなウェブサイトをチェックしてますか？

- **None.**
  何もチェックしません。
- **News websites.**
  ニュースのサイトです。

> 「映画などの情報サイト」なら Entertainment websites.、「ビジネス・サイト」なら Business websites.、「買い物サイト」なら Shopping websites.。

(9) What kind of cell phone do you have?
どんな携帯電話を持ってますか？

- **An old one.**
  古いのを。
- **Uni-phone.**
  ユニ・フォン社のです。

> こうノックされたら、固有名詞は言わざるを得ないかも。でも、次のラウンドで、きちんと補足すれば OK。

(10) What Japanese festival do you recommend?
どの日本の祭りがおすすめですか？

- **The Tanabata festival.**
  七夕ですね。
- **They're all wonderful.**
  どれもすばらしいですよ。

> このノックにも固有名詞は避けられないかも。次のラウンドできちんと補足を。思いつかないときは、Well...で場をつなごう。

Round 2 まず ひとこと そして 補足

CD 1 29

コーチからのアドバイス
「一概には言えない」ときや「〜によって違ってくる」ときは……

It depends.は前にも出てきたが、「一概には言えません」ということ。It depends on... は、「〜によって違ってくる」の意。こう言えば、ひとことラウンドで Well... と言った理由を話し相手に伝えることができる。たとえば ❸ のように、It depends on the food. と言えば、「食事によって注文する飲み物が変わってきます」ということを伝えられるね。

---

① What season do you like best?

Autumn.
秋ですね。

It's not too hot or cold.
暑すぎず寒すぎず。

Spring.
春です。

But I suffer from hayfever.
でも花粉症に苦しんでいます。

---

② I'm sorry… What was your name, again?

Hideaki.
ヒデアキです。

It's a popular Japanese name.
日本ではよくある名前ですが。

Hideko.
ヒデコです。

But please call me Deko.
でもデコでいいですよ。

---

③ What drink do you order at restaurants?

Well...
そうですね……

It depends on the food.
食事によりますけどね。

Coffee or tea.
コーヒーか紅茶です。

Because I can get free refills.
お代わりが自由だから。

---

④ What would you like to have for dinner tonight?

Anything.
何でもいいです。

If you're paying.
おごってくれるんでしたら。

Japanese.
和食がいいですね。

But I'm flexible.
でも何でもいいですよ。

Unit 6
What...?

Round 3 まず ひとこと そして 補足 さらに はずみ　CD1 30

コーチからのアドバイス　相手に自分の名前をちゃんと伝える方法はこれ！

　固有名詞は、特に外国語の場合、一度できちんと伝わることはまれ。だから、相手に聞き返されても気にしないで、手を尽くして自分の名前を伝えよう。
　おすすめは❷のように、It's..., like... という表現。It's のあとに名前を、like のあとに例を言う。例えば It's Saori. "Sao" like South and "ri" like real. Saori.のようにね。

How about you?
あなたは？

Do you suffer from it?
あなたも花粉症ひどいんですか？

> suffer from...は「～に苦しむ」の意味。ごく簡単に Do you have...?とか Do you get...?と聞いてもいい。

It's difficult to pronounce, isn't it?
発音が難しいでしょ？

It's Deko, like Art Deco.
アール・デコのデコです。

> popular は「よくある」。ここでは「人気の」の意味ではなく、common の意。It's..., like ～は、「～の…です」と他の名前を引き合いに出して説明する決まりフレーズ。

I love good red wine with a nice steak.
上等なステーキにはいい赤ワインがぴったりですね。

How about you?
あなたは？

> It depends on...は「～によって違ってきます」の意。単に It depends.なら「場合によります」。即答できないときの時間稼ぎフレーズとしても有効。refills は飲み物の「お代わり」のこと。

If I pay, we'll have some delicious cup noodles.
私のおごりとなると、とてもおいしいインスタント麺ですね。

Do you feel like Japanese?
和食って気分ですか？

> If you're paying.「もしおごってくれるのなら」の例文はもちろんジョーク。ほとんど誰でも笑うはず。「何でもいいですよ」は Anything's OK.と言ってもいい。feel like...は「～の気分」。

Round 2 まず ひとこと そして 補足

(5) What are you good at?

Well...
そうですね……

I'm studying accounting.
会計学を勉強しています。

Maybe golf.
ゴルフかな。

I play about twice a month.
月に2回はプレーします。

(6) What kind of music do you like?

Classical.
クラシックです。

I especially like Mozart.
特にモーツァルトはいいですね。

All kinds.
どんな音楽でも。

But I especially like jazz.
でも特にジャズが好きですね。

(7) What subject did you like to study in school?

Music.
音楽です。

I played the violin.
バイオリンをやっていたんです。

I don't remember.
覚えていません。

That was a long time ago.
ずいぶん前のことなので。

(8) What websites do you usually check?

None.
何もチェックしません。

Sometimes I check museums' websites.
たまに美術館のサイトは見ますね。

News websites.
ニュースのサイトです。

So I stopped buying newspapers.
だから新聞を買うのをやめたんです。

(9) What kind of cell phone do you have?

An old one.
古いのを。

It's only three years old.
3年しかたっていません。

Uni-phone.
ユニ・フォン社のです。

The reception is pretty good.
受信状態がけっこういいんです。

(10) What Japanese festival do you recommend?

The Tanabata festival.
七夕ですね。

We make a wish to the stars.
星に願い事をするんです。

They're all wonderful.
どれもすばらしいですよ。

Most have music, dancing and floats.
たいてい音楽や踊りや山車があって。

Unit 6
What...?

But I'm not good at it yet.
まだ得意と言うほどではないんです。

Do you play golf?
ゴルフはしますか？

How about you?
あなたは？

It makes me feel nostalgic.
ノスタルジックな気分に浸れるんですよ。

How about you?
あなたは？

I think I enjoyed P.E.
体育が好きだったと思います。

If I see a good exhibit, I go.
よさそうな展示会を見つけたら行くんです。

How about you?
あなたは？

But it feels much older.
もっと古い感じがするんです。

How about you?
君は？

It's a romantic festival.
ロマンチックなお祭りです。

You can't go wrong.
ハズレはないです。

But I'm not good at it yet. のように謙遜して言うこともできる。英会話だからと言って、あなたのアイデンティティを変える必要はない。謙遜や謙譲の心はためらわず表現してみて。

「特に」の意の especially を文頭において、Especially, I like...のように言う人が多いが、これはあまりよくない。especially は動詞の前において、I especially like...のように言うこと。

一文一文は中1レベルだが、連続してさっと言えれば、それはれっきとした大人の会話。世界の人々もこういうシンプルな文を連続させてコミュニケーションをとっている。

If..., と聞くと、「仮定法、難しそう」と思う人が多いが、でも if は仮定法でなく「〜するときは」の文脈で使われることも多い。この if を使いこなせるようになると、会話の幅が広がるはず。

「3年も使っている」は It's three years old. と簡単に言える。この言い方は、物や家、会社などにも使える。「わが社は創立以来3年たちます」も My company is three years old.。

2番目の例文は、How about you?と返せない、数少ない例。こんなときは、例文以外では、What do you think?がいい。これは軽く「どう？」と意見や感想を求めるフレーズ。

Unit 7 — When...?

コーチからのアドバイス　会話のきっかけ作りのノックには、正確さより迅速さ。

When...?のノックには、もちろん時間を聞いてくるものもあるが、その多くは、会話の糸口としてあなたにただ質問を投げかけているだけ。「今朝、何時に起きたの？」も、どうしてもあなたの今朝の起床時間を知りたいということではない。だからあれこれ考え込まずにさっと答えることが必要。もちろん覚えていなければ、Well...とか、I don't remember.と言えばOK。

Round 1 まず ひとこと

1) When did you get up this morning?
今朝はいつ起きた？

Around 11.
1時頃。
Nine!
9時！

> 時間を言うのにわざわざa.m.とかp.m.を言う必要なし。文脈でわかる。また正時でもo'clockはつけずに言う。

2) When was your last meal?
最後に食事をしたのはいつでしたか？

Two hours ago.
2時間前。
Around one.
1時頃。

> 「～時間前」の「前」はbeforeでなくagoで。mealは「食事」。「今日はまだ食べてない」ならI haven't eaten yet.かWell...。

3) When do you usually go to bed?
だいたい、いつ頃寝るんですか？

Around midnight.
12時頃。
Ten or 11.
10時か11時。

> midnightは「真夜中の12時」のこと。「深夜」ではない。「時と場合によりますね」と言いたいときは、It depends.で。

4) When do you usually eat dinner?
夕食はいつも何時頃に食べるんですか？

Around 9.
9時頃。
Seven.
7時です。

> 「仕事が終わったあとに」の意味でAfter work.と答えてもいい。決まってなければ、このラウンドはひとまずWell...やIt depends.で返しておいて。

Unit 7
When...?

(5) When was the happiest time of your life?
人生でいちばん楽しかったのはいつでしたか？

When my kids grew up.
子どもたちが育ってからでしたね。

Well...
そうですね……

> 「私が〜だったとき」と答えるのなら、[When I + V.]のように言おう。「高校生のとき」なら、When I was in high school.。

(6) When is the best time to call you?
あなたに電話するのにいちばんいい時はいつですか？

It depends.
一概に言えませんが。

Morning my time, evening your time.
私の朝、あなたの夕方がいいです。

> best time は「いい時期・いい時間」などの意味でよく使う。2番目の例文は時差のある所にいる人の応答例。

(7) When is your birthday?
誕生日はいつですか？

August 10th.
8月10日。

April 3rd.
4月3日。

> When is your birthday? は、普通、あなたの年齢を聞いてはいない。だから、「生年」は言わないのが普通。もちろん答えたければ答えていい。

(8) When do you use English?
英語はいつ使いますか？

Sometimes at work.
たまに職場で。

At the train station.
駅で。

> 「めったに使わない」なら、Almost never.。2番目の答えは、When I'm at the train station.「駅にいるときに（使います）」を略したもの。

(9) May I ask when your first kiss was?
ファーストキスはいつだったか聞いてもいいですか？

No.
ダメです。

When I was 17.
17歳のとき。

> May I ask...は聞きにくい質問の前につけると、丁寧になる。値段を思いきって聞きたいときは、May I ask how much this is?のように。

(10) When did you buy this book?
この本はいつ買いました？

One week ago.
1週間前に。

Last month.
先月です。

> わからなければ I'm not sure.とか I don't remember.とちゃんと答えること。決して失礼にはあたらない。無言やモゴモゴのほうが会話のマナー違反。

Round 2 まず ひとこと そして 補足

CD1 32

コーチからのアドバイス: 正確な答えを探そうとしないで、気軽に Sometimes...。

When...?のノックはかならずしも正確な情報を求めているわけではない。ただチャットしているだけのことも多い。だけど、When...?と聞かれると正確なことを言おうとして言葉に詰まってしまう人がけっこう多い。そんなときは❽のように文頭の Sometimes が助け船になる。Otherwise, ...「そうでないときは〜」とセットで使ってもいいね。

① When did you get up this morning?

Around 11.
11 時頃。

I sleep late on the weekends.
週末は遅くまで寝ているんだ。

Nine!
9 時！

I was supposed to get up earlier.
もっと早く起きるはずだったんです。

② When was your last meal?

Two hours ago.
2 時間前。

I had a light lunch.
軽くランチをとりました。

Around 1.
1 時頃。

I had a *bento* lunch box.
お弁当を。

③ When do you usually go to bed?

Around midnight.
12 時頃。

I like watching news programs.
ニュース番組を見るのが好きなんです。

Ten or 11.
10 時か 11 時。

I put the kids to bed.
子どもを寝かせて。

④ When do you usually eat dinner?

Around 9.
9 時頃。

I'm an evening person.
夜型人間なんですよ。

Seven.
7 時です。

I eat and watch TV.
食べながらテレビを見ます。

Unit 7
When...?

Round 3 まず ひとこと そして 補足 さらに はずみ CD1 33

コーチからのアドバイス　相手のノックの真意をストレートに尋ねてもいい。

❾の May I ask when your first kiss was? のように、プライベートな質問をされて、そもそも何でそんなことを聞くの、と思うときは、それをストレートに、丁寧に言葉に表してもいい。そのフレーズは、Why would you like to know?

もちろん、言葉に詰まったときの「お助け3H」、Well...I'm not sure. How about you? とかわす手もある。

How about you?
あなたは？

But I overslept.
でも寝坊しちゃって。

> I was supposed to... には、「本当なら〜しているはずなんだけど」という後悔や罪悪感を含むことが多い。sleep late は「遅くまで寝ている」。oversleep は「寝坊する」。

How about you?
あなたは？

I made it myself.
自分で作ったんです。

> 2番目の例文には、「日本の伝統的なランチボックスです」の意の It's a traditional Japanese lunch box. のような補足もいい。こう言うと相手が Tell me more.「もっと聞かせて」と言うかも。

How about you?
あなたは？

Then I finally have time to myself.
それでやっと自分の時間になるので。

> put...to bed は「〜を寝かしつける」の意。put gas in my car は「車にガソリンを入れる」。put the garbage out は「外にゴミを出す」。

How about you?
あなたは？

Sometimes my family and I talk about the news.
ニュースについて家族と話すこともありますよ。

> an evening person は「夜型人間」。反対に「私は朝型なんです」なら、I'm a morning person. と言う。「〜しながら……する」は while を使わずにこの例のように and でつなげばいい。

Round 2 まず ひとこと そして 補足

5. When was the happiest time of your life?

- **When my kids grew up.**
  子どもたちが育ってからでしたね。
  My kids became my friends.
  お互い友だち同士のようになって。

- **Well...**
  そうですね……
  Maybe when I was in high school.
  もしかして高校の頃だったかな。

6. When is the best time to call you?

- **It depends.**
  一概には言えませんが。
  The best time on weekends is around 10.
  週末ならいちばんいいのは 10 時頃。

- **Morning my time, evening your time.**
  私の朝、あなたの夕方がいいです。
  Japan is 12 hours ahead of New York.
  日本はニューヨークと 12 時間の時差があります。

7. When is your birthday?

- **August 10th.**
  8 月 10 日。
  It's in the middle of summer vacation.
  夏休みの真ん中です。

- **April 3rd.**
  4 月 3 日。
  The year is top secret.
  生まれ年は極秘です。

8. When do you use English?

- **Sometimes at work.**
  たまに職場で。
  Sometimes I e-mail in English.
  たまに英語のメールもします。

- **At the train station.**
  駅で。
  Sometimes people ask me questions.
  ときどき質問されます。

9. May I ask when your first kiss was?

- **No.**
  ダメです。
  I think that's a private question.
  ちょっとプライベートなことなので。

- **When I was 17.**
  17 歳のとき。
  We were high school students.
  ふたりとも高校生で。

10. When did you buy this book?

- **One week ago.**
  1 週間前に。
  I'm reading it first.
  今はまず読んでいます。

- **Last month.**
  先月です。
  I've been practicing everyday.
  毎日練習しています。

Unit 7
When...?

We talked and traveled together.
話をしたり旅行をしたりしました。

How about you?
あなたは？

> maybe は日本語の「たぶん」より確信度が低い場合に言う言葉。「〜かなぁ……」のようなニュアンス。でも maybe を連発すると、いい加減なことしか言っていないと思われるかも。要注意。

But I'm never sure of my schedule on weekdays.
でも平日のスケジュールはハッキリしません。

So how about around 7 p.m. your time?
じゃあ、あなたの時間で夜7時頃はどうですか？

> I'm never sure of...は「〜についてわかった試しがない」「〜はいつもわからない」。
> 時差がある人とは時刻にa.mやp.m.をつけて。

So I never celebrated with friends.
だから友だちと祝ったことがないんです。

How about you?
あなたは？

> The year is top secret.もたいがいの人が笑ってくれるジョーク。ちなみに僕の誕生日も4月3日です。The year is not important, right?「生まれ年はどうでもいいよね？」。

How about you?
あなたは？

Otherwise, I only use it if I travel abroad.
それ以外は海外旅行のときだけですね。

> 「〜するときもあるし、〜するときもある」は、[Sometimes S + V. Sometimes S + V.]で。Otherwise, は、前文をまるごと受けて、「それ以外では」の意味。sometimes はもちろん文末にも。

Why would you like to know?
どうして知りたいんですか？

That was a long time ago.
ずっと前のことですよ。

> 情報を問われたときに、I think that's a private question.と逃げるのもひとつの大事な手。That was a long time ago.のThatは前に言ったことをまるごと指す。

I'll try the CD tomorrow.
明日CDに挑戦します。

I hope I can finish it.
ちゃんと終わらせたいですね。

> 1番目は「〜前に買った→今〜している→明日〜する」という時系列ロジックの例。2番目は「受け答え→状況描写→願望」と話題を発展させるパターン。あなたの3Hの参考にしてください！

Unit 8 Who...?

コーチからのアドバイス: Who...?と聞かれたら、名前や自分との関係をひと言で。

「〜は誰ですか」のノックには、ズバリ名前や、「私の高校時代からの友人」のようにひと言でまず答えること。だれも当てはまる人がいない場合は、No one.、「みんな」と答えたいときは、Everyone.、とノックを返せばOK。このノックは、Which...?のノックと意味が似ている場合も多い。例えば、「どっちのチームが勝った？」は、Who won?とも、Which team won?とも言える。

Round 1 まず ひとこと　CD1 34

1. Who cleans your house?
家は誰が掃除するんですか？

- **I do.**
  私です。
- **My dad.**
  父です。

> I do.の do は「掃除をする」の意味の clean を受けている。I do.ではなく Me.と言っても OK。ではここから10問、1分以内にひと言ずつ答えてみよう。

2. Who is your favorite movie star?
好きな映画俳優は？

- **Well...**
  そうですね……
- **Mike Long.**
  マイク・ロング。

> Who...?のノックに対して固有名詞は避けられないかも。でも、きちんと補足説明をしたり、「はずみ」ラウンドで相手に「知ってる？」と確認したりしてね。

3. Who is your favorite pro sports team?
好きなプロのスポーツチームは？

- **These days nobody.**
  最近はないですね。
- **The Kawada Wolves.**
  カワダ・ウルブズ。

> Who is your favoroite ...?「いちばん好きな〜は誰ですか」と聞かれて「特にいない」と答えたいときは、Nobody.とか I don't have one.で。

4. Who was your first girlfriend or boyfriend?
いちばん最初の彼女か彼は誰でした？

- **Tsubasa.**
  ツバサ君。
- **A girl in high school.**
  高校のときの女の子。

> 「覚えてないです」なら、I don't remember.とか Well... とまず言おう。girlfriend / boyfriend は「恋人」のこと。

Unit 8
Who...?

⑤ Who do you talk to on your cell phone?
携帯では誰とよく話しますか？

- **My boyfriend.**
  彼と。
- **My family and friends.**
  家族や友だちと。

> 「たくさんの人と」だったら、Lots of people.、「会社の人と」とか「同僚と」なら、People from work.と言う。

⑥ Who do you speak English with?
英語は誰と話しますか？

- **No one.**
  誰とも。
- **My English teacher.**
  英語の先生と。

> Who...with?とノックされても、答えは、with を省いて、ただ「誰だれ」と答えれば OK。「ひと言ラウンド」では余計なエネルギーを使わず、さっと答えよう。

⑦ Who do you work for?
どこの会社で働いているんですか？

- **I don't work now.**
  今は働いてません。
- **The Maruya Company.**
  マルヤ社です。

> ここも Who...for?と聞かれたからといって、For ABC. のように言う必要はない。「フリーランス(自営)です」なら、I'm self-employed.。

⑧ Who do you call when you're sad?
悲しくなったとき、誰かに電話しますか？

- **It depends on the sadness.**
  悲しさによりますね。
- **Well...**
  そうですね……

> もしあなたの答えがズバリ「母です」とか「友だち」だったら、My mom.とか My friends.とノックを返して。

⑨ Who did you vote for in the last election?
この前の選挙、誰に投票しました？

- **Mrs. Ichikawa.**
  イチカワさん。
- **Well...**
  ええと……

> 政治の話題でも、難しい言葉は不要。答えたくなければ It's a secret.「秘密です」で OK。アメリカでは、大統領選のとき、このノックは多くなる。

⑩ Who do you admire?
尊敬する人は？

- **My mom.**
  母です。
- **David Yamada.**
  デイビッド・ヤマダさんですね。

> 「考えてもみませんでした」I've never thought about it. と言っても OK。もちろん思いっきり冗談ぽく You!「あなたです」と言っても。

Round 2 　まず ひとこと　そして 補足

コーチからのアドバイス
固有名詞で答えたあとは、万人にわかりやすい補足を。

固有名詞を多用しないことは会話の基本ルール。でもWho...?のノックには、固有名詞で答えなきゃならない場合も多い。そんなときこそ、ここでのわかりやすい補足説明が重要になる。例えば❸。好きなスポーツチーム名を言ったあと「僕の地元の近くのプロサッカーチームなんです」と誰にでもわかりやすい説明をプラスワン。参考にしてね。

---

① Who cleans your house?

I do.
私です。

It's not that big.
そんなに大きい家ではないので。

My dad.
父です。

He moves like he's in his 20's.
まるで20代の頃みたいにフットワークが軽いです。

---

② Who is your favorite movie star?

Well...
そうですね……

I don't know who's popular now.
いま誰が人気なのか知らないなあ。

Mike Long.
マイク・ロング。

I love his movie, *Endless Winter*.
彼の映画『エンドレス・ウィンター』は最高。

---

③ Who is your favorite pro sports team?

These days nobody.
最近はないですね。

I used to support the New York Yankees.
前はニューヨーク・ヤンキーズを応援してましたけど。

The Kawada Wolves.
カワダ・ウルブズ。

They're a pro soccer team near my hometown.
僕の故郷の近くのプロサッカーチームなんです。

---

④ Who was your first girlfriend or boyfriend?

Tsubasa.
ツバサ君。

We met at my part-time job.
バイト先で知り合ったんです。

A girl in high school.
高校のときの女の子。

She was one year older than me.
1年先輩だったんです。

Unit 8
Who...?

Round 3 まず ひとこと そして 補足 さらに はずみ CD1 36

コーチからのアドバイス: 相手の知っている話題かどうかこのフレーズで確認を。

Who...?のノックに固有名詞で答えて補足をしたとしても、相手が知っているか、このはずみラウンドで確認することが大事。そのときのとっておきのフレーズは、Have you heard of...?「〜を聞いたことがありますか」。❷のはずみの例にも出ているが、こう聞くことで、相手の理解度を確認できて、その後の会話をスムーズに運べる。

So I finish it in 20 minutes.
だから20分で終わります。

How about you?
あなたのところは？

> [not that + 形容詞]は、「そんなに〜でない」の意味。in 20 minutesはこの場合、現在形の文で使われているから、「20分以内に」の意味。withinもOK。

How about you?
君は？

Have you ever heard of him?
彼のこと聞いたことあります？

> 固有名詞を言ったあとは、ちゃんと補足して、最後はHave you ever heard of him?「聞いたことありますか」と確認したい。Do you know him?だと、「知り合いですか」の意になることも。

How about you?
君は？

They're not very good these days though.
ここのところあまり調子よくないですけどね。

> supportは「応援する、支持する」。特にイギリス人はこの表現をよく使う。文末にthoughをつけると、「〜ですけれどね」の意になる。

We dated for about a year.
1年くらい付き合いましたね。

How about you?
あなたは？

> 「アルバイト」はpart-time job。dateは「付き合う」の意の動詞。「先輩」「後輩」は例文のようにolderやyoungerを使って「年上の人」「年下の人」と言い表せる。

Round 2

5) Who do you talk to on your cell phone?

- My boyfriend.
  彼と。
- Sometimes friends or my office call me.
  たまに友だちと話したり、仕事で使ったり。
- My family and friends.
  家族や友だちと。
- I use my cell more than my home phone.
  普通の電話より携帯を使うことが多いです。

6) Who do you speak English with?

- No one.
  誰とも。
- All my friends speak Japanese.
  私の友だちはみんな日本語を話すんです。
- My English teacher.
  英語の先生と。
- Sometimes I speak to my brother-in-law.
  義兄と英語で話すこともありますよ。

7) Who do you work for?

- I don't work now.
  今は働いていません。
- I used to work for a bank.
  前は銀行で働いてたけれど。
- The Maruya Company.
  マルヤ社です。
- It's a construction company.
  建設会社です。

8) Who do you call when you're sad?

- It depends on the sadness.
  悲しさによりますね。
- If I miss someone, I call that person.
  誰かに会いたくなったらその人に電話するし。
- Well...
  そうですね……
- Usually I tough it out.
  たいていは我慢しちゃいますね。

9) Who did you vote for in the last election?

- Mrs. Ichikawa.
  イチカワさん。
- She won the election.
  当選しましたよ。
- Well...
  ええと……
- I didn't vote last time.
  この前は投票に行かなかった。

10) Who do you admire?

- My mom.
  母です。
- She's had some hard times.
  苦労が多かったんです。
- David Yamada.
  デイビッド・ヤマダさんですね。
- He started a school for poor children in Bangladesh.
  バングラデシュで貧しい子どものための学校を始めた人です。

Unit 8
Who...?

I send a lot of text messages too.
メールもたくさん送ります。

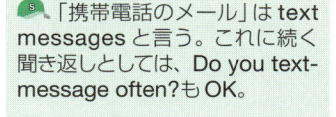

How about you?
あなたは？

> 「携帯電話のメール」は text messages と言う。これに続く聞き返しとしては、Do you text-message often? も OK。

How about you?
あなたは？

My sister married a man from Australia.
姉はオーストラリア人と結婚してるんです。

> 「〜と結婚する」は get married to... か、marry...。「〜と」を省いて単独で言うなら、get married で。Let's get married.「結婚しよう」、I'm gonna get married.「結婚するんです」。

Sometimes I miss working.
たまに働いていた頃が懐かしくなりますね。

How about you?
あなたは？

> miss は人に対して「〜がいなくて寂しい」とか、物に対して「〜を懐かしく思う」。もうひとつのメジャーな意味は「〜を抜かす／逃す」。I missed your call. は「電話を受け取り損ねちゃった」。

If I'm just disappointed, I don't call anyone.
ただがっかりしているときは、誰にもかけません。

How about you?
あなたは？

> If..., は、前出のように「〜すると」のニュアンス。あなたの補足説明を豊かにするはず。使いこなせるよう自分の言葉で何か例文を作って言う練習を。tough...out は「〜を我慢する」。

She supports programs for children and the elderly.
子どもや高齢者のための施策を推進している人なんです。

How about you?
あなたは？

> 「福祉＝welfare」だと思っている人が多いが国によって違う。多くの場合 welfare は「失業手当」「生活保護」の意。例文中の programs for children and the elderly こそ「福祉」。

But she is always happy and positive.
でもいつも明るくて前向きな人なんです。

How about you?
あなたは？

> She's had... は She has had... の省略形。have はこの例のように「持っている」より「ある」と訳したほうがピッタリくることが多い。hard times は「困難な時期」。

Unit 9 How...?

コーチからのアドバイス: How is / was...?への答えは、まずひと言、形容詞を。

How is...?は「〜はどうですか」と状況や様子を尋ねている。同様に How was...?も「〜はどうでしたか」と感想を聞いている。両方とも、答えは形容詞ひと言で言ってまず間違いはない。How's the weather in Japan now?「今頃の日本の天気はどうですか」なら、Good.とか Bad.、Rainy.、Cloudy.のひと言で。迷ったら、Well...で会話をつないで。無言は禁物。

Round 1 まず ひとこと

① How was your day?
今日はどうでした？

- **OK.** 普通です。
- **Terrific!** 最高にいい一日でしたよ。

最初の例文のOK.は、決して肯定的な意味合いではないから注意。「普通です」とか「そこそこですよ」の意。So-so.も「あまりよくない」の意。

② How was your weekend?
週末はどうでした？

- **Well...** そうですね……
- **Busy.** 忙しかったですね。

週明けの出会い頭、友人や同僚とこう聞き合うことが多い。答えはまずひと言で。「〜をしました」とセンテンスで言う必要はない。

③ How's your family doing?
ご家族はお元気ですか？

- **Good.** おかげさまで。
- **Great!** とても元気ですよ。

Good.は非常に使用範囲の広い言葉。少々調子が悪くても、まず Good. と言って、But....と続けるのが常。How...?のノックによく使われるのは Good.。

④ How's everything at work?
仕事のほうはいかがですか？

- **Good.** 順調です。
- **I don't work now.** 今は仕事してないんです。

Good.は「よい」というより、ニュートラルな言葉。だから、こう聞かれたら、よほど不調でもない限り、Good.と答えるのが一般的。

Unit 9
How...?

5. How are you feeling today?
今日の調子は？

- **Good.**
  おかげさまで。
- **A little tired.**
  ちょっと疲れ気味です。

> How are you feeling?はあなたの調子を聞いている会話系ノック。あいさつノック How are you (doing)?とは違う。フルに3Hで答えよう。

6. How do you stay healthy?
健康のために何かやっていますか？

- **Well...**
  そうですね……
- **I exercise regularly.**
  定期的な運動です。

> これは How...で始まるが「手段」を尋ねているノック。だから、形容詞で答えないで、「自分がとっている手段」を[S + V.]でさっとまず答えるといい。

7. How's your eyesight?
視力はいいほうですか？

- **OK.**
  そんなによくありません。
- **Good.**
  いいですよ。

> OK.は「普通です」「どちらかと言うとあまりよくない」の意味。比較すれば Pretty good.より下。So-so.はネガティブ。OK.よりさらに下。

8. How's the view from your room?
お部屋からの眺めはどうですか？

- **Well...**
  そうですね……
- **Pretty good.**
  まあまあいいですよ。

> Pretty good.は「まあまあです」。Very good.と同じ意味だと勘違いされていることが多いが、程度は Good.と Very good.の間。

9. How do you like your coffee?
コーヒーはどうやって飲みますか？

- **I don't drink coffee.**
  コーヒーは飲まないんです。
- **Black.**
  ブラックで。

> 「ミルクを入れます」なら、With milk.。「クリームと砂糖を入れます」なら With cream and sugar.と言う。

10. How did you learn English?
どうやって英語を覚えたんですか？

- **I studied in school.**
  学校で。
- **I go to a conversation school.**
  英会話スクールに通ってます。

> これも「手段」を尋ねているから、答えは[S + V.]のフルセンテンスで。「ラジオ番組で勉強しています」なら I study with an English radio program.。

Round 2 まず ひとこと そして 補足

CD1 38

コーチからのアドバイス
どんなノックに対しても、いつも心にBecause...を。

補足説明がラクにできる秘訣をここで教えよう。それは「Why?—Because」の心。つまり、いつでも「～だ。なぜなら～」と考えていること。これはWhy...?のノックに限らない。例えば❷。「週末はどうだった？」と聞かれて、「忙しかった。だって～」とBecauseの心で補足。「覚えてない」なら、そのままI don't remember.と言ってもOK。

① How was your day?

OK.
普通です。

I was swamped with calls and e-mails.
電話やメールに翻弄されてましたよ。

Terrific!
最高にいい一日でしたよ。

I met some old friends.
昔の友人に会って。

② How was your weekend?

Well...
そうですね……

I don't remember what I did.
何をやったんだか……。

Busy.
忙しかったですね。

I had to work on Saturday and Sunday.
土曜、日曜とも仕事をしないといけなかったんです。

③ How's your family doing?

Good.
おかげさまで。

Everyone's doing their own thing.
みんなそれぞれのことで忙しくしています。

Great!
とても元気ですよ。

My brother just started a new job.
兄は転職したばかりです。

④ How is everything at work?

Good.
順調です。

But my boss is always in a bad mood.
でも上司はいつも機嫌が悪くて。

I don't work now.
今は仕事してないんです。

I used to work at Ishinan department store.
以前はイシナンデパートで働いていましたが。

Unit 9
How...?

Round 3 まず ひとこと そして 補足 さらに はずみ　CD1 39

コーチからのアドバイス

What do you recommend? はレストラン以外でも大活躍。

How...?と何かの方法を尋ねられたとき、いいアイディアが思い浮かばない場合は、相手に What do you recommend?「あなたのおすすめは何ですか？」と聞き返すのもいいはずみになる。例えば、❿のノック「どうやって英語を勉強したんですか」。英語を学ぶ外国人同士でこうノックし合うことも多いはず。相手からいい勉強法を聞き出そう。

How about you?
あなたは？

We haven't seen each other for nine years!
9年ぶりだったんです。

> I was swamped with...は、「〜に圧倒された／振り回された」の意。swamp はもともと「沼」。「9年ぶりですね」は「9年会ってなかった」とかみくだけば、簡単に表現が出てくるよね？

How about you?
あなたは？

I haven't done that for a long time.
久しぶりの休日出勤でした。

> I had to...は「〜しないといけなかった」。「久しぶりの休日出勤でした」も前述と同じく「長い間休日出勤はしていなかった」とかみくだくとわかりやすいかも。

How about your family?
あなたのご家族は？

My parents are traveling abroad now.
両親は海外旅行に行っています。

> 2番目の「転職したばかり」は現在完了形にしなくていい。過去形で言える範囲はとても広い。

I think his girlfriend dumped him.
どうも彼女にフラれたみたいです。

How about you?
あなたは？

> [完了形＋ recently]は「最近ずっと〜だ」の意。dump は「振る、捨てる」という動詞。自分の職歴は[I used to work at どこどこ.]で。

Round 2 — まず ひとこと / そして 補足

(5) How are you feeling today?

- Good. / おかげさまで。
  - But I had a runny nose all day. / でも一日中鼻水が止まらなくて。

- A little tired. / ちょっと疲れ気味です。
  - I need to rest this weekend. / 週末は充電しないと。

(6) How do you stay healthy?

- Well... / そうですね……
  - I don't do anything special. / 特に何もしていません。

- I exercise regularly. / 定期的な運動です。
  - I walk as much as possible. / なるべく歩いています。

(7) How's your eyesight?

- OK. / そんなによくありません。
  - I wear contacts. / コンタクトをしています。

- Good. / いいですよ。
  - I've never worn glasses. / メガネをかけたことはありません。

(8) How's the view from your room?

- Well... / そうですね……
  - I don't really have a view. / 景色と呼べるものはありませんね。

- Pretty good. / まあまあいいですよ。
  - The view at night is especially nice. / 特に夜景がきれいなんです。

(9) How do you like your coffee?

- I don't drink coffee. / コーヒーは飲まないんです。
  - I prefer tea. / 紅茶のほうが好きなので。

- Black. / ブラックで。
  - I really like espresso. / 特にエスプレッソが好きですね。

(10) How did you learn English?

- I studied in school. / 学校で。
  - But they didn't teach speaking skills. / でもスピーキングは教えてくれませんでした。

- I go to a conversation school. / 英会話スクールに通ってます。
  - I've been going for almost two years. / もう少しで2年になります。

Unit 9
How...?

I think I have a cold.
風邪を引いたのかもしれません。

How about you?
あなたは？

> 「一日中」は all day。I have a cold. は「風邪を引いている」。catch a cold「風邪を引く」より使用場面がずっと多い。rest は「休む」。「会社を一日休む」なら have a day off。

How about you?
あなたは？

And I always eat regularly.
それに規則的な食事を心がけてます。

> Well...I don't do anything special. は便利な言い方。ほとんどのノックに使える。こういう言葉数が少ないときこそ、How about you? と必ず相手に聞き返すこと。

I'm near-sighted.
近眼なんです。

But I might need them someday.
でも、いつか必要になるかもしれませんね。

> 「近視」は near-sighted、「遠視」は far-sighted。I might... は「～するかもしれません」。この意味の might はよく使う。自分で例文を作って言えるようにしておくといい。

I'm surrounded by buildings.
ビルに囲まれていますから。

How about you?
あなたのところは？

> especially はこの例文のように、形容詞の直前において「特別～」となる。文を Especially, と始めないほうがいい。I'm surrounded by... は「～に囲まれている」。

How about you?
あなたは？

Iced coffee is nice in the summer too.
夏はアイスもいいですね。

> I prefer tea. は I like tea better. と言っても OK。これに限らず類義表現は迷ったら負け。言いやすいほうをスムーズにさっと言うことが大事。really の発音は「レリ」に近い。

What do you recommend?
何かいい方法はありませんか？

But it's not doing much good.
でも、あまり効果がないんです。

> 今後、英語母語話者でない人々と英語で話す機会が増えてくるはず。だから、What do you recommend? は、「あなたの英語学習法は？」の意味で、いい聞き返しになる。

Unit 10 — What do you do...?

コーチからのアドバイス：このノックには、シンプルなフルセンテンスで！

このユニットのノックは、「何をしていますか」「〜について話してください」。これまでの5W系のノックとはだいぶ異なる。What do you do...?と聞かれたら、最初からフルセンテンスで返すのが普通。❽〜❿のTell me about....も同じ。英語の文は[S + V.]が基本。練習さえすれば、簡単にフルセンテンスを言えるようになる。例外は迷ったときのWell...やNothing special.「特に何も」。

Round 1 まず ひとこと　CD1 40

① What do you do for fun?
楽しみは何ですか？

- I go out with my boyfriend.
  彼とデートです。
- I like to watch movies.
  映画を見るのが好きですね。

> go out with...は「〜と出かける」つまり「〜とデートする」の意味。「〜と遊びに行く」も同じ。playを使わずにgo outを使う。

② What do you do for a cold?
風邪の対策は？

- I sleep a lot.
  よく寝ます。
- I always take medicine.
  いつも薬を飲みます。

> 「おかゆを食べます」ならI have soup with rice in it.。そのあとIt's like risotto.。「リゾットに似ています」と補足するといい。

③ What do you do to celebrate the New Year?
お正月には何をしますか？

- I enjoy traditional Japanese foods.
  おいしいおせち料理を食べます。
- I get together with relatives.
  親戚で集まります。

> 日本文化はひと言で直訳しようとしないで。「おせち料理」はtraditional Japanese food、「ぞうり」もtraditional Japanese shoesでいい。

④ What are you doing tomorrow?
明日の予定は？

- Nothing special.
  特に何も。
- I'm working all day.
  一日中仕事です。

> このノックは、進行形で近い未来を表している。答えも進行形でOK。未来のことを言うには[I'm going to + V.]で。

Unit 10
What do you do...?

⑤ If you won a million dollars, what would you do with it?
もし100万ドルが当たったらどうします？

- **I'd give some to my kids.**
  いくらかは子どもたちにあげます。
- **I'd buy a convertible.**
  コンバーティブル車を買いますね。

> 現実と違うことを想定して「もし〜だったら、どうしますか」というノック。I'd...はI would...の省略形。「〜するでしょうね」の意味。

⑥ If the world were to end tomorrow, what would you do now?
もし明日が世界の終わりだったら何をしますか？

- **I'd be with my family.**
  家族と一緒に過ごすでしょうね。
- **I'd quit my diet.**
  さっさとダイエットはやめますね。

> 非常に頻繁に聞かれるノックではないけれど、自分から相手に聞いてみるとおもしろいかも。それに相手も必ずあなたに同じノックを返してくるはず。

⑦ If you could be invisible, what would you do?
もし透明人間になれたら何をします？

- **I'd go to Disneyland for free.**
  ただでディズニーランドに入って。
- **I'd become a spy.**
  スパイになります。

> for freeは「タダで」「無料で」。No pay.より自然。I wouldn't pay.「お金は払いませんよ」ならもちろん通じる。

⑧ Tell me about yourself.
あなたのことを教えてください。

- **I'm Betty Hollins.**
  ベティ・ホリンズです。
- **I'm Michio Tanaka.**
  タナカ・ミチオです。

> 面接とか、セミナーの会場などで初めて顔を合わせた人たちと自己紹介をしあうときなど、こんなノックが聞かれるはず。まず、[I'm＋名前.]から始めよう。

⑨ Tell me about your watch.
あなたの時計について教えてください。

- **Well...**
  ええと……
- **My dad gave it to me.**
  父にもらったんです。

> このノックの意図はあなたとのチャットのきっかけ作り。あなたの時計について細かく情報収集しようとしているわけではもちろんない。

⑩ Tell me about your family.
家族について教えてください。

- **My family's from northern Japan.**
  私の家族は北日本の出身です。
- **I have an older brother.**
  兄がひとりいます。

> こう聞かれたら、出身や家族構成についてまずひと言、[S＋V.]で答えるようにしよう。このノックは少し会話が進んだところで聞かれることが多い。

Round 2 まず ひとこと そして 補足

CD 1 41

コーチからのアドバイス
ふたつのタイプの自己紹介をマスターしよう

英語での「自己紹介」は互いに Hi+I'm...＋握手＋ Nice to meet you. と名乗り合うものだが、日本での「自己紹介」は「自分についてのミニスピーチ」を順番に言うことが多い。それに相当するのは Tell me about yourself.。こう聞かれたら、❽のように、自分の名前に続いて、家族構成（誰と暮らしているか）、仕事は何をしているか、など補足していこう。

① What do you do for fun?

- **I go out with my boyfriend.** 彼とデートです。
- **We saw a play together last week.** 先週は一緒に芝居に行きました。
- **I like to watch movies.** 映画を見るのが好きですね。
- **And I play video games.** あとテレビゲームもします。

② What do you do for a cold?

- **I sleep a lot.** よく寝ます。
- **And I stay warm.** それから暖かくします。
- **I always take medicine.** いつも薬を飲みます。
- **Some people like to heal naturally.** 自然に治るのを待つ人もいますよね。

③ What do you do to celebrate the New Year?

- **I enjoy traditional Japanese foods.** おいしいおせち料理を食べます。
- **I cook them myself.** 自分で作るんですよ。
- **I get together with relatives.** 親戚で集まります。
- **We play traditional Japanese games.** お正月遊びをします。

④ What are you doing tomorrow?

- **Nothing special.** 特に何も。
- **I just have my normal schedule.** いつものスケジュール通りです。
- **I'm working all day.** 一日中仕事です。
- **A big deadline is approaching.** 大きな仕事の締め切りが迫ってるんです。

Unit 10
What do you do...?

Round 3 まず ひとこと そして 補足 さらに はずみ CD1 42

コーチからのアドバイス
さらに補足のプラスワンで新しい話のタネ蒔きを。

このラウンドは基本的に聞き返し。迷ったらズーッと How about you? や What do you think? で。次に多いのはここでもさらにプラスワンの補足をすること。これが新しい話のタネを蒔くことになる。例えば❶のように We're in love. と言えば、That's SO romantic!「素敵！」や Where did you meet?「どこで知り合ったの？」と会話が展開するはず。

We're in love.
私たちアツアツなんです。

How about you?
あなたは？

> 英文法の大原則は[S + V.]。そして、「場所」「時間」「頻度」などは文末におくこと。このルールに基づくだけで、自分で作って言う英文は、だいぶ通じやすくなるよ。

What do you recommend?
何かおすすめはありますか？

How about you?
あなたは？

> Some people... は、「〜する人もいます」の意。この文をいくつか列挙すれば「ある人は〜するし、ある人は〜しますね」のようなニュアンスに。

Have you ever experienced New Year's in Japan?
日本でお正月を過ごされたことはありますか？

But I went to London with my friends last year.
でも去年は友だちとロンドンで過ごしました。

> Have you every experienced New Year's in Japan? は、相手に話の水を向けるいい「はずみ」の例。[Do you know 日本の文化?]と聞くより自然な言い方。

How about you?
あなたは？

I'm working late everyday this week.
今週は連日残業ですよ。

> 「締め切りが迫ってきています」のあとに、It's like a tiger.「コワいですよ〜」と冗談ぽく続けて言ってもいい。英語で自分なりのオリジナル表現が言えるようになったら楽しいね。

Round 2

(5) If you won a million dollars, what would you do with it?

- I'd give some to my kids.
  いくらかは子どもたちにあげます。
  - And I'd save as much as possible.
    そしてできるだけ貯金しますね。

- I'd buy a convertible.
  コンバーティブル車を買いますね。
  - I'd eat out every night.
    毎晩外食して。

(6) If the world were to end tomorrow, what would you do now?

- I'd be with my family.
  家族と一緒に過ごすでしょうね。
  - And I'd call my relatives.
    親戚にも電話するでしょう。

- I'd quit my diet.
  さっさとダイエットはやめますね。
  - I'd get a lot of money from a loan company.
    ローン会社から大金を借り入れて。

(7) If you could be invisible, what would you do?

- I'd go to Disneyland for free.
  ただでディズニーランドに入って。
  - I'd skip all the lines.
    列は全部無視します。

- I'd become a spy.
  スパイになります。
  - I'd see if people talked about me.
    私の噂話をしてる人を見つけるんです。

(8) Tell me about yourself.

- I'm Betty Hollins.
  ベティ・ホリンズです。
  - I live with my husband and children.
    夫と子どもがいます。

- I'm Michio Tanaka.
  タナカ・ミチオです。
  - Please call me Mitch.
    ミッチでいいです。

(9) Tell me about your watch.

- Well...
  ええと……
  - I got it in Paris.
    パリで買ったんです。

- My dad gave it to me.
  父にもらったんです。
  - It's kind of old and worn out.
    年季が入ってるって感じですね。

(10) Tell me about your family.

- My family's from northern Japan.
  私の家族は北日本の出身です。
  - I live by myself in Tokyo though.
    私は東京でひとり暮らしですけれども。

- I have an older brother.
  兄がひとりいます。
  - My mom and dad are divorced.
    両親は離婚していて。

Unit 10
What do you do...?

How about you?
あなたは？

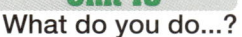

And I'd go on a luxury cruise around the world.
それから豪華客船で世界を一周しますね。

> go on a cruise のように、[go on ＋何か楽しいこと]は、「〜に出かける」の意。cruise 以外では、date、trip、picnic など。

How about you?
あなたは？

And I'd spend all the money.
そして全額使っちゃいます。

> あなたも自分で[I'd ＋ V.]で世界が明日終末を迎える前に自分のしておきたいことを言ってみよう。自分で英文を作って言うことで、自分の力として蓄えられる。

How about you?
あなたは？

I'd investigate a lot of things.
いろんなことを探り出しますよ。

> skip は「とばす」。つまり、この場合、列に「割り込む」こと。skip all the lines だから堂々と「先頭に割り込む」ことになる。

I enjoy gardening and traveling.
趣味はガーデニングと旅行です。

I'm a 27-year-old company employee.
27 歳の会社員です。

> 名前のあとは、家族構成や仕事について言うことが多い。はずみのラウンドでは、「みなさんにお会いできて光栄です」の意味で、I'm happy to be here.とか Nice to meet you.と言っても締まる。

What do you think?
どう思う？

Tell me about YOUR watch.
あなたの時計は？

> What do you think?は気軽に相手に意見を求める聞き返しのフレーズ。ここでは How do you like it?と言っても同じ。worn out は「ぼろぼろの／クタクタになった」の意。

Tell me about YOUR family.
あなたの家族は？

We live with my mom and see my dad on weekends.
私たちは母と住んでいて、父とは週末に会います。

> 補足のラウンドでは、誰と住んでいるか答えることが一般的。by myself は「ひとりで」。「自力で／自分で」は単に myself だけでいい。

Unit 11 Why...?

コーチからのアドバイス
Why?のノックに、もっとラクに答えるには？

Why...?にはBecause...で答えるのがオーソドックス。でも、実際の日常会話では、Becauseを省いて、ただ「理由」だけ言うことのほうがむしろ多いし、このほうがラクに言える。でも、サッと答えが思い浮かばないことも多い。そんなときは、I'm not sure.「ちょっとわかりません」とか、I'll think about it.「考えておきます」と言えばいい。

Round 1 まず ひとこと　　CD1 43

1. Why did your parents give you your name?
あなたの名前の由来は？

- **I'm not sure.**
  ちょっとわかりません。
- **They named me after my uncle.**
  叔父にちなんでつけたようです。

> 命名の由来はよく聞かれる話題のひとつ。It means...「意味は〜です」のように返してもいい。name...after...は「〜にちなんで〜と名付ける」。

2. Why did you decide to learn English?
どうして英語を習おうと思ったのですか？

- **I had to learn it in school.**
  学校でやらされたんです。
- **Firstly, it's an international language.**
  第一に英語は国際語だということ。

> 最初の例文のように文頭にBecauseをつけなくても通じる。Firstly, ...は、話しながら自分の考えを整理するときに便利。発音は「ファストレ」。

3. Why did you decide to live where you live now?
どうして今のお住まいに決めたんですか？

- **I like the area.**
  あのあたりが好きなんです。
- **I was renting before.**
  前は賃貸だったんですけど。

> このノックの意図は、「あなたの住んでいるところはどんなところか話して」。理由を言わなくちゃと構えず気楽に話してみよう。

4. Why did you decide to wear that outfit today?
どうして今日その服を選んだの？

- **I had a meeting.**
  会議があったので。
- **Well...**
  そうですね……

> このノックは、「今日のあなたは素敵」という意味になるときも。特に理由がない場合はThere's no special reason. やWell...で。

ベイシック文型ノック
Unit 11
Why...?

⑤ Why don't we have lunch together?
一緒にランチしませんか？

- **Why not?**
  そうしましょう！
- **Well...**
  ええと……

> このノックは「〜しませんか」という誘いの決まり文句。「なぜ、しないの？」と理由を聞いているわけではない。

⑥ Why don't I give you a massage?
マッサージをしてあげましょうか？

- **Well...**
  そうですね……
- **OK.**
  お願いします。

> Why don't I...?は「なぜ〜？」の意味でなく、「〜してあげましょうか」という決まり文句。これに対し「じゃ、今度ね」なら、Maybe later.。

⑦ Why don't people tip in Japan?
日本ではどうしてチップがないんですか？

- **That's a good question.**
  いい質問ですね。
- **It's against Japanese values.**
  日本人の価値観には合わないんですよ。

> 7〜9のノックは相手が素朴な疑問についてあなたの意見を聞いている。返答が難しければ、That's a good question.がいい。valuesは「価値観」。

⑧ Why do adults read *manga* or comics?
おとながどうして漫画やコミックを読むんですか？

- **They're interesting.**
  おもしろいからですよ。
- **I'm not sure.**
  どうしてでしょうね。

> 日本のマンガは世界でも知られつつある素晴らしい文学。でも一方でこういうノックも多い。マンガに限らず日本を説明する練習をしておくといい。

⑨ Why do so few Japanese people speak English?
英語を話せる日本人はなぜ少ないんでしょうか？

- **Because they don't need it.**
  必要がないからですよ。
- **The English education system is to blame.**
  英語教育制度が問題でしょう。

> もちろん、「実際は、英語がうまい日本人だってけっこういますよ」の意でActually, a lot of Japanese speak English! とやんわり反論してもいい。

⑩ Why did you get this book?
どうしてこの本を買ったんですか？

- **To improve my English.**
  英語上達のためです。
- **For a challenge.**
  挑戦してみようと思いました。

> 目的を聞かれているノックだから、[To + V（動詞）.]か[For +名詞.]で、簡単に「〜のために」と答えるといい。

Round 2　まず ひとこと　そして 補足

コーチからのアドバイス

Why...?に複数の理由があれば Firstly, ... Secondly, ...で。

理由を聞くWhy...?への返答について堅苦しくロジック云々と構える必要はない。ただ、いくつか理由があるときは、考えながら、Firstly, ... Secondly, ...「第1に〜、第2に〜」と文を連続させて答えていけばいい。理由をはっきり言えないときは、❹のようにI didn't think about it much.「あまり考えてみたこともなかった」と補足するのも手。

① Why did your parents give you your name?

I'm not sure.
ちょっとわかりません。

I'll ask them.
聞いてみますね。

They named me after my uncle.
叔父にちなんでつけたようです。

He's really nice.
叔父はすごく優しい人です。

② Why did you decide to learn English?

I had to learn it in school.
学校でやらされたんです。

I had no choice.
とても避けられない状況だったので。

Firstly, it's the international language.
第一に、英語は国際語だということ。

Secondly, I already learned some in school.
第二に、学校で既に習っていたし。

③ Why did you decide to live where you live now?

I like the area.
あのあたりが好きなんです。

And I like the atmosphere.
雰囲気がいいし。

I was renting before.
前は賃貸だったんですけど。

But the rent was expensive.
でも家賃が高くて。

④ Why did you decide to wear that outfit today?

I had a meeting.
会議があったので。

So I had to wear this.
だからこれにしました。

Well...
そうですね……

I didn't think about it much.
特に考えたわけじゃないんです。

Unit 11
Why...?

Round 3　まず ひとこと　そして 補足　さらに はずみ　CD1 45

コーチからのアドバイス
トピックによっては、3Hでのネタの準備も必要。

僕は来日した頃「なぜ日本に来たのですか」とばかり聞かれた。最初は思い思いに答えていたけど、あまり何回も聞かれるのでネタ化されてしまって、そのうちスラスラと語れるように。このユニットで言えば❶〜❸のノックが外国人とのコミュニケーションで本当によく頻繁に聞かれるもの。3Hである程度ネタを作っておくこともおすすめだ。

How about you?
あなたの名前は？

He always remembers my birthday.
いつも私の誕生日を覚えてくれています。

Why …?と聞かれたことがわからなければ、「聞いておきます」I'll ask them.と言うのも手。「母が名付けました」なら My mom gave me my name.。

But I hated English in school.
でも学校で英語の授業は大嫌いだったんです。

Thirdly, learning is fun sometimes.
第三に、学ぶことってけっこうおもしろいので。

Firstly, ... Secondly, ... Thirdly, ... と同じロジックで、First, ... And ..., Also, ... のように言うことも。Andから文を始めるのはよくないと習ったかもしれないが、そんなことはまったくない。

How about you?
あなたは？

So I decided to buy an apartment.
だからマンションを買うことにしたんです。

atmosphereは「雰囲気」の意。家・カフェ・オフィス・大学などによく使う言葉だ。rentは動詞なら「家などを借りる」、名詞なら「家賃」のこと。

How do you like it?
どうでしょうか？

I just grabbed it from my closet.
ただタンスにあった物を着てきただけなんです。

So...は大切な接続詞。前に言っていたことを丸ごと受けて「だから〜」の意。シンプルだけど、これがロジック。自分で使えるようになるには、自分で連続した英文を作ること。grabは「つかむ」。

Round 2　まず ひとこと　そして 補足

(5) Why don't we have lunch together?

- **Why not?**
 そうしましょう！
 - **I'll be ready in 20 minutes.**
 20分後に出かけられます。

- **Well...**
 ええと……
 - **I have plans today.**
 今日は用事があるので。

(6) Why don't I give you a massage?

- **Well...**
 そうですね……
 - **I'm OK.**
 けっこうです。

- **OK.**
 お願いします。
 - **My shoulders are stiff.**
 肩こりなので。

(7) Why don't people tip in Japan?

- **That's a good question.**
 いい質問ですね。
 - **It might be a good idea.**
 チップはいいかもしれない。

- **It's against Japanese values.**
 日本人の価値観には合わないんですよ。
 - **Japan values equality.**
 日本人は平等を重んじるから。

(8) Why do adults read *manga* or comics?

- **They're interesting.**
 おもしろいからですよ。
 - **The contents aren't only for kids.**
 内容も子ども向けばかりではありませんし。

- **I'm not sure.**
 どうしてでしょうね。
 - **I like comics in the newspaper.**
 私は新聞の漫画は好きですけど。

(9) Why do so few Japanese people speak English?

- **Because they don't need it.**
 必要がないからですよ。
 - **As far as I'm aware, it's not essential for everyday life in Japan.**
 私が知る限り、日本では日常生活に不可欠というわけではありませんし。

- **The English education system is to blame.**
 英語教育制度が問題でしょうね。
 - **Even the best students can't speak.**
 優等生だって話せないんですから。

(10) Why did you get this book?

- **To improve my English.**
 英語上達のためです。
 - **I want to become fluent in English.**
 すらすらしゃべれるようになりたいですね。

- **For a challenge.**
 挑戦してみようと思いました。
 - **It looked difficult at first.**
 はじめは難しそうでしたけど。

Unit 11
Why...?

Is that OK?
いいですか？

How about tomorrow?
明日は？

Thank you for offering though.
でも気にしてくださってありがとうございます。

Would you massage my shoulders?
肩を揉んでくれますか？

What do you think?
どうでしょうね？

Also it's too much trouble to decide the tip amount.
それに、チップをいくら払ったらいいか決めるのも面倒ですしね。

Have you ever read one?
読んだことありますか？

And I used to read a comic about a female lawyer.
あと女性弁護士の漫画も読んでました。

In fact, some don't even need English to travel abroad.
実際、海外旅行で必要がないこともあるくらいですから。

It hasn't changed that much for 30 years.
この30年間、そんなに変わってないですね。

That'd be cool.
かっこいいですね。

But I understand how to speak now.
今ではどう話したらいいかわかりました。

[in +時間]は、未来形の文では「〜後に」の意。afterは使わない。2番目の例文でHow about...?を誘う言葉として使えるのは、「今日はダメ」という文脈があるから。話の切り出しには使えない。

「〜してあげましょうか」の申し出をきっぱりと断るときは、いきなりNo, thanks.がいいが、やんわりと断りたいなら、Well...と言葉を濁してからNo, thanks.と言ったほうがいい。

It might be...は、「〜かもしれませんね」と100%の確信がないときに意見を述べるのにぴったり。Japan values equality.のvalueは「〜に価値をおく／重視する」の意の動詞。

現在完了形で大事なのは、このHave you ever read one?とか、Have you...recently?「最近〜しましたか」のような経験について聞く用法だけ。これに慣れておくと、必ず会話の幅が広がる。

not...that muchは「それほど〜ない」。
海外旅行先で日本語が上手な人が増えている。負けずに英語でノックを打てるようにがんばろう。

That'd be...はThat would be...の省略形。Thatは前の文全体を指す。つまりここでは「英語をすらすら話せること」。coolは「かっこいい」。天候の場合は「涼しい」。

スティーブのコラム 3
あなたはボーリング型？ バスケット型？

　日本とアメリカの会話スタイルをスポーツにたとえると、まるでボーリングとバスケットボールのようなものだと言える。日本では、誰かがトークを切り出したら、それを「さえぎらない」で最後まで聞くことが多い。たとえ、話の最中にちょっと理解できないことがあっても、納得いかないことがあっても、とりあえず最後まで相手の話を聞く。それに、ずっと「うんうん」と頷きながら聞く人も少なくない。スポーツにたとえるとボーリング型。順番にひとりずつプレーして、ほかの人はただ見ていたり応援したりするだけ。

　対してアメリカ（いくつかの英語圏もそうだが）のコミュニケーション・スタイルは、バスケットボール型。他人が話している最中に、何かわからないこと、納得がいかないことがあれば、すぐにさえぎる。ボールを奪う。時には奪ったボールをずっと独占してしまう人さえもいる。守備から180度転換して瞬時に攻撃に回る。

　どちらがいい悪いということではないが、とにかく、コミュニケーションを成功させるために、互いにどちらのスタイルでいくのかを把握しておくことも大きなカギになる。

　ボーリング型なら、さえぎらないで最後まで応援しながら聞くことが大事（でも僕にはこれが苦手）。そしてバスケットボール型では、とても能動的に聞く義務がある。話されたことがわからないとき、その時点で"Sorry?"「何ておっしゃいましたか」とか、"What's わからない単語?"「この意味は何ですか」とわからない単語を口にして聞くルールがある。

　おもしろいのは、バスケットボール型の日本人もいれば、ボーリング型のアメリカ人もたくさんいるということ。あなたのスタイルはどっちかな？

ステップアップ文型ノック

ベイシック文型ノックよりも、文法的には少しレベルアップした文が中心のノック。苦手な文のノックも、ひとつのユニットで30本集中的に受ければ、だんだん受け方のコツもつかめるはず。話の展開の仕方にもだんだん慣れてくるよ。瞬発力を鍛えるために、時間制限を設けて練習してみよう。

Chapter 3

ノック数180

Unit 1

Have you...?

コーチからのアドバイス

Have you...?には、まず Yeah. / No. などのひと言で即答。

Have you ever...?は「〜したことがありますか」の意味で、とてもメジャー。数少ない重要な完了形の用法として自分の道具箱に入れておこう。

答え方は、強く肯定する Yes. か、一般的な肯定の Yeah.、またその経験がなければ、No.。「まだ」と答えたいときは、Not yet.。即答できないときは、Well... で。

Round 1 まず ひとこと

CD1 46

1) Have you ever been to Europe?
ヨーロッパに行ったことはありますか？

- **Yeah.** ええ。
- **No.** いいえ。

> been の代わりに、gone、visited、traveled などを入れたノックも意味は同じ。Yeah, I have. / No, I haven't. と長く言う必要はない。

2) Have you ever had serious trouble abroad?
海外で大きなトラブルにあったことは？

- **No.** ないです。
- **Well...** そうですね……

> 答えにくいときは、Well... とか Let me see... と場をつなぐこと。無言はだめ。serious trouble は病気、事故、犯罪や災害などを指す。

3) Have you lost weight recently?
最近やせた？

- **No.** いいえ。
- **Maybe.** かもね。

> これは、肥満大国アメリカでは、たいがいの人がほめ言葉と受け取ってくれるノック。Maybe. はあまり確信がないときに使う。「もしかして」の意。

4) Have you gotten a haircut recently?
最近髪切った？

- **No.** いいえ。
- **Well...** ええと……

> 完了を表す Have you...? は過去形で言うこともできる。例えば「髪型変えた？」Did you change your hairstyle? もほぼ同義のノック。

ステップアップ文型ノック
Unit 1
Have you…?

(5) Have you seen any good movies recently?
最近何かいい映画見た？

No.
ないですね。

Yeah.
見ました。

> 初対面の人とあいさつを交わしたあと、すぐにチャットの話題になりうる万国共通のトピック。Yeah.でもNo.でも次のラウンドで補足を。

(6) Have you read any good books recently?
最近何かいい本読んだ？

Yeah.
ええ。

No.
いいえ。

> 本のほうが映画に比べるとユニバーサルなものは少ない。だから固有名詞を出すときは次ラウンドで補足したり、相手の理解度を確認したりしよう。

(7) Have you ever heard of "Wal-Mart"?
「ウォルマート」って聞いたことありますか？

Yeah.
はい。

I don't think so.
聞いたことないんじゃないかな。

> 自分が話したい事柄に固有名詞が入ってくる場合は、このノックで。こう聞けば、相手がそれについてすでに知っているか確認することができる。

(8) Have you ever had your bike stolen?
自転車盗まれたことはある？

No.
ないですよ。

Yeah.
ええ。

> bikeはbicycle「自転車」のこと。「オートバイ」はmotorcycle。stolenはsteal「盗む」の過去分詞形。

(9) Have you ever dyed your hair?
ヘアカラーしたことはある？

Yeah.
はい。

No.
ないですね。

> 「髪を染める」はdye my hair。「白髪」はgray hair。white hairとは言わない。「はげてきました」はI'm losing my hair.。

(10) Have you ever thought about living abroad?
海外に住んでみようと思ったことはありますか？

Yeah.
はい。

No.
ないですね。

> もっとストレートにDo you want to live abroad?「海外に住みたいですか」と聞くこともできるが、このノックのほうが会話の糸口として自然。

Round 2 まず ひとこと そして 補足

コーチからのアドバイス

Maybe.とあいまいに受け答えて But...で本音を。

ノックには Yes. か No. かいつもはっきり答えなければいけない、というわけではない。❸のように「最近やせたんじゃない？」と聞かれて、Maybe.「かもね」と軽く肯定したあと、But...と自分の本音を言うパターンも実際多い。Maybe.は日本語の「たぶん」より不確実な場合に使う言葉。だからそのあとは、本音をシンプルな言葉で伝えて。

---

① Have you ever been to Europe?

Yeah.
ええ。

I've been to France and Italy.
フランスとイタリアへ行ったことがあります。

No.
いいえ。

I've only been to countries in Asia.
アジアしか行ったことがなくって。

---

② Have you ever had serious trouble abroad?

No.
ないです。

People are always so nice.
誰でもいつも親切にしてくれて。

Well…
そうですね……

Someone stole my bag once.
一度バッグを盗まれましてね。

---

③ Have you lost weight recently?

No.
いいえ。

I gained weight.
体重が増えちゃって。

Maybe.
かもね。

But I think it's just a little.
でもちょっとだけでしょう。

---

④ Have you gotten a haircut recently?

No.
いいえ。

I just styled it differently today.
今日はちょっとスタイルを変えてみただけ。

Well…
ええと……

I got a haircut two months ago.
2カ月前に一度切ったけど。

ステップアップ文型ノック
Unit 1
Have you...?

Round 3 まず ひとこと そして 補足 さらに はずみ
CD 1 - 48

コーチからのアドバイス
英語を連続して言うことが意思疎通のポイント。

会話上達のコツは、(1) 短い文を (2) 連続して言うこと。短文のほうが相手に誤解されにくいし、文を連続することで文脈ができて、意図が伝わりやすくなる。例えば、❸の「10キロ減量しようとしている」ことも、一文では伝えにくい。文法を駆使して長文で言えたところで相手に伝わるかどうかは別。短文を連続して言うことをいつも意識して。

I'm dying to go back!
また行きたくてしょうがないの!

How about you?
君は?

> I'm dying to...は「どうしても~したい」の意。I want to...というより願望の程度はずっと強い。
> では、このページの4つのノックを1分以内に3Hで答えられるようチャレンジして。

How about you?
あなたは?

And someone picked my pocket once.
スリにも一度あいました。

> niceは人を形容する場合、「親切な」。「スリにあう」はhave one's pocket pickedとも。pickpocketは「スリ」。旅先で「おなかをこわした」と言いたいときはI got sick.でいい。

I'm trying to lose ten kilos.
10キロ減らそうとしてるの。

How about you?
あなたは?

> 「体重の増減」はgo up/downとかincrease/decreaseでなく、gainとloseという動詞で。「僕は5年前から10キロ減量にトライしている」はI've been trying to lose ten kilos for five years.。

How do you like it?
どう思う?

Does it look different?
変わったように見える?

> styleはここでは動詞で「髪型を整える」の意味。聞き返しのHow do you like it?は好きかどうか聞いているのではなく、軽く感想を尋ねている。

Round 2 まず 🧤 そして 🧤

(5) Have you seen any good movies recently?

🧤 **No.**
ないですね。

🧤 **I saw one last weekend.**
先週末見に行ったけど。

🧤 **Yeah.**
見ました。

🧤 **I saw a good movie starring Billy Vick.**
ビリー・ビック出演のおもしろい映画を。

(6) Have you read any good books recently?

🧤 **Yeah.**
ええ。

🧤 **I'm reading a book about Rome now.**
今、ローマについての本を読んでるよ。

🧤 **No.**
いいえ。

🧤 **I started a few books.**
何冊か読み始めたんだけど。

(7) Have you ever heard of "Wal-Mart"?

🧤 **Yeah.**
はい。

🧤 **It's an American discount supermarket.**
アメリカのディスカウント・スーパーでしょ。

🧤 **I don't think so.**
聞いたことないんじゃないかな。

🧤 **You said "wall mart," right?**
「ウォルマート」って言った？

(8) Have you ever had your bike stolen?

🧤 **No.**
ないですよ。

🧤 **I've been lucky.**
ツイてたってこと。

🧤 **Yeah.**
ええ。

🧤 **It happened more than once.**
それも1回の話じゃないの。

(9) Have you ever dyed your hair?

🧤 **Yeah.**
はい。

🧤 **It was red when I was 17.**
17歳のときは赤かったんです。

🧤 **No.**
ないですね。

🧤 **I pull out my gray hair.**
白髪は抜いちゃうから。

(10) Have you ever thought about living abroad?

🧤 **Yeah.**
はい。

🧤 **I'd like to retire in Saipan.**
退職後はサイパンがいいですね。

🧤 **No.**
ないですね。

🧤 **I don't have enough confidence or money yet.**
外国に住む自信もお金もそんなにないですし。

Unit 1
Have you...?

But it was terrible.
でもすごくつまらなかった。

Do you like him?
彼、好き？

How about you?
あなたは？

But I give up around the 3rd chapter.
でも3章ぐらいでアキちゃうんだよ。

It's huge, isn't it?
でっかいよね。

Tell me about it.
それで？

How about you?
あなたは？

The police found it once though.
一度は警察が見つけてくれたけど。

How about you?
あなたは？

But I can't pull them all out.
でもなかなか全部は抜けないけど。

Maybe I'll buy a second house there.
もしかしてあっちにセカンドハウスを買おうかなって。

How about you?
あなたは？

---

terrible は「ひどい／最悪の」。terrific はまったく逆に「すごい／すばらしい」の意。映画を「見る」は see でも watch でもOK。look はダメ。

補足ラウンドでは、本のジャンルについて言うとわかりやすい。「〜についての本」は a book about...。よほど有名な本は別として、著者名や本の題だけでは異文化の人に通じる確率は低い。

huge はここでは「組織などが巨大な」の意味。長さ・量など何に対しても「並はずれて長い／大きい」ときに使う。

I've been lucky. は「私はツイていた、恵まれていた」ということ。自力で勝ち取った結果でなく「たまたまそういう状況にあっただけ」と謙遜して言うときに。

pull out は髪の毛などを「引っ張って抜く」の意。「美容室に行く」は go to the hair salon、「髪を切ってもらう」は have my hair cut short、「坊主にする」は shave my head。

retire は「退職する」の意。「失業」のようなネガティブなニュアンスはない。生活に十分な資産を蓄えてから仕事を辞めることを指す。

Unit 2

A or B?

コーチからのアドバイス
このノックには、Yes / No で受けてはいけない。

このユニットでは、「AとBどちらですか」というノックをいろいろな文型で行う。出てくるのは、Are you ... A or B?、そして Did you ... A or B?、Do you ... A or B?、それから Which do you like, A or B?。ベストな学習法は、(1)まず本を見てノックを確認、(2) 本を見ながらマイペースで答えてみる、(3) CDのノックにどんどん答えること。がんばろう！

Round 1 まず ひとこと

CD 1 49

1 Are you a morning person or an evening person?
朝型ですか、それとも夜型ですか？

Evening person.
夜型ですね。
Morning person.
朝型です。

> A or B で聞かれたらまず A か B かズバリ言おう。どちらでもないなら Neither。答えに迷うときは Well... を。

2 Are you usually shy or talkative?
シャイ？ それとも外交的なほうですか？

Pretty shy.
わりとシャイですね。
Talkative, I guess.
人見知りはしないほうです。

> talkative は「外交的」の意。「軽はずみにものを言う人」というようなネガティブな意味ではない。

3 Are most of your friends married or single?
友だちはほとんど結婚してますか？ それとも独身が多いですか？

Both.
両方です。
Married.
結婚しています。

> まずこのラウンドでは、Married. か Single. のひと言で返そう。「両方」なら Both.、わからなければ I'm not sure.。

4 Which do you like more, soccer or baseball?
サッカーと野球、どっちが好きですか？

Soccer.
サッカーです。
Baseball.
野球です。

> このノックは中1レベルだが、ぱっと聞いて、ぱっと答えられることが重要。more を better としてもほぼ同義。

ステップアップ文型ノック
Unit 2
A or B?

(5) Is your personality more like your mom's or your dad's?
性格はお母さん似、それともお父さん似ですか？

My dad's, as far as I'm aware.
父似だと思います。

Neither.
どちらでもないです。

> 確信はないけど、「〜と思いますよ」というときは、最初の例文のように、[as far as I'm aware.]か[, I think.]を文末につけること。

(6) Do you like tea with milk or lemon?
紅茶には、ミルクやレモンは入れますか？

Lemon.
レモンです。

A little milk.
ミルクを少し入れます。

> 答え方としては、ほかに Neither.「どっちも入れません」、または Black.「ストレートです」など。

(7) Do you prefer living in the city or the country?
都会、それとも田舎暮らしがいいですか？

The city.
都会です。

The country.
田舎がいいです。

> 「どちらでも」なら Either is OK.のように。もし迷ってすぐに言葉が見つからなければ、Well...で。さっと言われて聞き取れなければ Sorry? で。

(8) After you graduated school, did you start working or take time off?
卒業したあとは、すぐに就職したんですか？ それともしばらく自由に？

I started working.
働き始めました。

I took time off.
しばらく好きにしてました。

> 「卒業後の就職先は？」と聞きたいときはこのノックのように婉曲的に。take time off は「時間を自由に使う」。つまり「すぐに就職しなかった」の意。

(9) Did you get along better with your mom or your dad?
お母さんとお父さんではどっちと気が合いましたか？

That's a difficult question.
難しい質問ですね。

My mom.
母ですね。

> get along with...は「〜とうまくやっていく」「気が合う」の意。That's a difficult question. は、答えに迷うときに。「オー、ディフィカルト」は NG。

(10) Which chain restaurant do you like the best?
チェーン・レストランではどこが一番好き？

Green Manhattan.
グリーン・マンハッタンです。

None.
ないですね。

> Which...? と聞かれたら、Yes./No.で答えてはだめ。もし答えが思い浮かばなければ、I can't remember the name. とそのまま言えば OK。

Round 2　まず[ひとこと]　そして[補足]　CD1 50

コーチからのアドバイス
A or B?ノックには、自分の答えの裏付けをしっかりと。

ラウンド1はAかBかさっと答えて余分なエネルギーはこのラウンド2で使おう。ここでは自分の最初の答えをサポートすること。つまり、❶のように、「夜型人間」と答えたら「朝はいかに苦手か」を描写したり、❷のように「特に初対面の人にはシャイなんです」とか、「人と会うのが好きなんです」とふくらませたり。参考にしてね。

---

① Are you a morning person or an evening person?

Evening person.
夜型ですね。

I'm a monster in the morning!
朝は化け物状態です。

Morning person.
朝型です。

I get so much done in the morning.
朝はすごく仕事がはかどりますよ。

---

② Are you usually shy or talkative?

Pretty shy.
わりとシャイですね。

But I'm talkative at home.
でも家ではよく話します。

Talkative, I guess.
人見知りはしないほうです。

I like meeting people.
人と会うのが好きですし。

---

③ Are most of your friends married or single?

Both.
両方です。

My best friend is single though.
親友はまだ独身ですけれど。

Married.
結婚しています。

Most have children too.
子どもがいる人も多いんですよ。

---

④ Which do you like more, soccer or baseball?

Soccer.
サッカーです。

Baseball is not that fun to watch.
野球は見ててもそんなにおもしろくないですね。

Baseball.
野球です。

I've been a Nihon Bacon fan for 14 years.
もう14年、日本ベーコンのファンをやってますから。

ステップアップ文型ノック
Unit 2
A or B?

Round 3 まず ひとこと / そして 補足 / さらに はずみ
CD 1 - 51

コーチからのアドバイス：ことわざを言うときは、文脈づくりがいっそう大事。

ことわざはどの言語でもおもしろい。僕も日本語のことわざにハマって、「言うは易し、行うは難し」とか感心したことわざを会話で使ってみたり、それに相手が感動してくれてうれしくなったりしたことがある。ことわざを言うとき大切なのは、文脈づくり。❶や❸のように、前の2文で文脈をととのえたうえで言えば、バッチリ。会話のアクセントにもなる。

How about you?
あなたは？

They say the early bird gets the worm.
早起きは三文の得って言いますしね。

> I'm a monster in the morning. は比喩。複数の文で文脈を作っていれば、I'm a tornado in the morning. のように自分の感覚を自由に表現して通じる。ことわざを言うときも同じ。

How about you?
あなたは？

It energizes me.
人に会うと生き生きしてくるんです。

> 英語の語順は文を [S + V] で始めて、文末に「場所・時間・頻度」などをおくことが大原則。It energizes me. は「それが私にエネルギーを与える」「それによって活力がわいてくる」の意。

How about you?
あなたの友だちは？

Maybe birds of a feather flock together.
類は友を呼ぶってことですかね。

> 「類は友を呼ぶ」のようなことわざは、このように3Hでしっかり文脈を作って言うことがポイント。ことわざはこの例のように Maybe とか They say に続けてもいい

What do you think?
そう思いませんか？

Have you ever heard of them?
日本ベーコンって知ってます？

> [not that + 形容詞] は「それほど～でない」の意味。Have you ever heard of them? は「彼ら（そのチーム）について聞いたことがありますか」。固有名詞を出したらこのような確認が大事。

123

Round 2 まず ひとこと そして 補足

5 Is your personality more like your mom's or your dad's?

My dad's, as far as I'm aware.
父似だと思います。

I'm playful and creative like him.
おもしろいことが好きで、創造力豊かなところが。

Neither.
どちらでもないです。

My personality is like my dog's.
私の性格はうちの犬似ですね。

6 Do you like tea with milk or lemon?

Lemon.
レモンです。

Sometimes I like it with honey.
ハチミツを入れたりもします。

A little milk.
ミルクを少し入れます。

Sometimes I like it straight.
ストレートのときもありますけど。

7 Do you prefer living in the city or the country?

The city.
都会です。

There's more activity.
やることがいっぱいあるし。

The country.
田舎がいいです。

I don't like the prices and pollution in the city.
都会は物価は高いし、空気は悪いし。

8 After you graduated school, did you start working or take time off?

I started working.
働き始めました。

I really wanted to work.
とても仕事をしたかったので。

I took time off.
しばらく好きにしてました。

I went to Spain for six months.
半年ほどスペインに行きました。

9 Did you get along better with your mom or your dad?

That's a difficult question.
難しい質問ですね。

Both can be nice.
ふたりともいいときはいいし。

My mom.
母ですね。

My dad was never home.
父は家にいたためしがないですから。

10 Which chain restaurant do you like the best?

Green Manhattan.
グリーン・マンハッタンです。

It has really healthy food.
メニューがとてもヘルシーなんですよ。

None.
ないですね。

I like good local restaurants.
地元のレストランが好きなんです。

Unit 2
A or B?

How about you?
あなたは？

I'm always looking for affection.
甘えん坊なんです。

> ふたつ目の例文はもちろんジョーク。「甘えん坊」は「いつも愛情を求めている」と表現。日本語の名詞を英語にしたいとき、このように文で説明することを心がけて。

How about you?
あなたは？

I enjoy the aroma.
香りを楽しむんですよ。

> straight は black と言ってもいい。Sometimes...は「～するときもあります」の意。この文を連続させれば「～するときもあるし、～するときもある」と言える。補足に便利。

And I like the mix of people.
いろんな人がいて楽しいですし。

How about you?
あなたは？

> the mix of people は「いろいろな種類の人がいる」という状態を指す。different people も同じ。many people「たくさんの人」と混同しないように。

I thought it was cool.
それがかっこいいと思ってました。

How about you?
あなたは？

> really は「とても」の意味で、このように文中で very much とか very well よりずっと頻繁に使う。発音は「リアリ」ではなく、「レリ」に近い。

And both can be mean.
イヤなときはイヤですからね。

How about you?
あなたは？

> nice は「親切な」。mean は「意地悪な」。どちらも人を形容するときよく使う言葉。Don't be mean. は「意地悪をしないで」。

The atmosphere is wonderful.
雰囲気もいいし。

How about you?
あなたは？

> It has...は、「そのレストランは～を扱っている」「～がある」の意。They have...と受けてもOK。have...は「～を持っている」より「～がある」と覚えておいたほうが使い勝手が広がるはず。

Unit 3 How+ 形容詞...?

コーチからのアドバイス
メジャーな文型 How+ 形容詞...? へのコツをつかもう。

たとえば長さを聞く How long...?、大きさを聞く How big...?、数の How many...? 値段の How expensive...? 距離の How far...? など、[How + 形容詞?] の疑問文で情報提供を求められたときは、数値をズバリ言うことが基本。程度を言いたいときは Pretty big. 「けっこう大きい」、Not that big. 「そんなに大きくない」のように。

Round 1 まず ひとこと

CD 1 — 52

1) How long is your summer vacation?
夏休みはどのくらいですか？

Two weeks.
2週間です。

What vacation?
休みって何でしたっけ？

「一概には言えない」ときは It depends.. 「何によってどう異なるか」は第2ラウンド以降で、きちんと説明を。What vacation? はジョーク。

2) How long do you take to get ready in the morning?
朝の準備にどれくらいかかりますか？

A long time.
長いです。

About ten minutes.
10分ぐらいです。

ズバリ「何分」と言えないときは、About ten minutes. のように about を文頭につけて。a long time は「ずっと」「長い間」。

3) How far is the train station from your house?
自宅から駅まではどれくらいかかりますか？

It's close.
近いですよ。

Ten minutes by foot.
歩いて10分です。

How far...? への答えは具体的に距離や時間で表すことがポイント。基本は [~分 by bus / car / bike / foot] で。by foot は on foot でもいい。

4) How big is your house?
ご自宅はどのくらいの広さですか？

Two bedrooms and one bath.
2LDKです。

Pretty small.
けっこう狭いです。

家の広さは、このように寝室とバスルームの数で表すことが多い。相手がアパートやマンションに住んでいるなら house の代わりに apartment を。

Unit 3
How+ 形容詞...?

⑤ How expensive is Japan?
日本って、どのくらい物価が高いんですか？

- **Pretty expensive.**
  けっこう高いです。
- **Not that expensive.**
  そんなに高くはないです。

> 「物にもよります」なら It depends.。「激安なものはないです」なら Nothing's super cheap.。

⑥ How much is a cup of coffee in Japan?
日本でコーヒー1杯はいくらですか？

- **It depends.**
  ケース・バイ・ケースですね。
- **About four US dollars.**
  4ドルくらいです。

> 自分の国の通貨ベースで答えてもいいが、そう言ったあと余裕があれば、相手の通貨で答えてあげられると親切。

⑦ How difficult is Japanese to learn?
日本語を習うのってどれくらい大変ですか？

- **Pretty easy.**
  わりとカンタンですよ。
- **Pretty difficult.**
  けっこう難しいです。

> 「英語ほど難しくありませんよ」なら、Not as difficult as English.。答えに迷うなら、Well...か、I'm not sure.で。

⑧ How many good friends do you have?
仲のいい友だちってどのくらいいます？

- **Two or three.**
  2、3人です。
- **I'm not sure.**
  ちょっとわかりません。

> 「たくさん」なら A lot.、「少し」なら A few.、「ひとりもいません」なら None.。

⑨ How old is your cell phone?
携帯はどのくらい使ってます？

- **About three years old.**
  3年くらいです。
- **About one year old.**
  1年くらいです。

> 「1年も経っていませんね」なら Less than one year old.。「数字+year(s) old」は建物に使えば「築〜年」。

⑩ How old do you think I am?
私は何歳だと思います？

- **I can't tell.**
  私にはわかりません。
- **Let me think.**
  そうですね……

> I can't tell. は I'm not sure. とも言える。「28歳くらい」なら About 28.。「30代」なら In your 30's.。

Round 2 まず ひとこと そして 補足

CD1 53

コーチからのアドバイス
具体的なデータを生き生きさせるのは、プラスワン。

How...? と情報を求めるノックには、自分の提供した情報の説明が必要。と書くと仰々しいが、要するに、データをひと言答えて終わりにしてはだめということ。例えば❸のように「家から駅まで10分」と答えたら、その10分がどうなのか、遠すぎるのか楽しい散歩なのか、補足が必要。補足こそデータの意味を生き生きと伝えるスパイスだ。

---

① How long is your summer vacation?

Two weeks.
2週間です。

Sometimes it's shorter though.
短くなることもありますけどね。

What vacation?
休みって何でしたっけ？

I always have to work in the summer.
毎年夏は働いていないといけないんで。

---

② How long do you take to get ready in the morning?

A long time.
長いです。

I spend 30 minutes reading the paper.
新聞を読むだけでも30分はかかりますから。

About ten minutes.
10分ぐらいです。

I'm busy with so many things.
やることがいっぱいあって。

---

③ How far is the train station from your house?

It's close.
近いですよ。

It's so convenient.
便利なんですよ。

Ten minutes by foot.
歩いて10分です。

It's a nice walk.
いい散歩ですね。

---

④ How big is your house?

Two bedrooms and one bath.
2LDKです。

It's about 100 square meters.
100平方メートルくらいです。

Pretty small.
けっこう狭いです。

It's comfortable though.
居心地はいいですけどね。

Unit 3
How + 形容詞...?

Round 3 まず ひとこと そして 補足 さらに はずみ　CD1 54

コーチからのアドバイス

聞き返しの万能選手 How about you? を応用して！

「はずみラウンド」の万能選手 How about you?。このフレーズの応用の仕方をここで紹介しよう。まず ❹ の How about yours?。これは、それまで「私の家」について話していたのを受けて、では「あなたの家」は、の意味で yours と言っている。❺ の How about your country? や ❻ も同じ。相手のノックや文脈を受けてうまくアレンジしてみよう。

It depends on the year.
年によって違うんです。

How about you?
あなたは？

> 「〜によって変わってくる」は It depends on...。例えば、on my work「仕事によって」、on my children's schedule「子どものスケジュールによって」など。

How about you?
あなたは？

So I have to be fast.
だからゆっくりしていられないんです。

> [spend + 時間 + 動詞の ing 型は、「〜するのに○時間かかる」の意。paper は newspaper の意味。

I never want to live far from a station.
駅から不便なところには絶対に住みたくないですね。

But it's tough in the winter or in rain.
でも冬や雨の日はつらいですね。

> convenient は「便利な」。useful は道具や表現などが「使い勝手がいい」。この例文のように「つらい、きつい」と言いたいときは、hard より tough。

Most Japanese houses are similar as far as I'm aware.
たいてい日本の家はそのくらいだと思いますけど。

How about yours?
あなたのお家は？

> How about yours? は How about you? をちょっと応用した聞き返しの表現。yours はもちろん your apartment or house のこと。

(5) How expensive is Japan?

Pretty expensive.
けっこう高いです。

The rents in big cities are especially expensive.
家賃は都心だと特に高くて。

Not that expensive.
そんなに高くはないです。

I think restaurants are cheap.
レストランは安いと思いますが。

(6) How much is a cup of coffee in Japan?

It depends.
ケース・バイ・ケースですね。

Coffee from the vending machines is cheap.
自動販売機のコーヒーは安いですけど。

About four US dollars.
4ドルくらいです。

That's at a proper café.
ちゃんとしたカフェで頼むとね。

(7) How difficult is Japanese to learn?

Pretty easy.
わりとカンタンですよ。

Speaking and listening are easier than reading and writing.
話したり聞いたりするのは読み書きよりやさしいです。

Pretty difficult.
けっこう難しいです。

Vocabulary is the first step.
語彙が最初の関門ですね。

(8) How many good friends do you have?

Two or three.
2、3人です。

I have a lot of acquaintances.
知り合いはいっぱいいますけど。

I'm not sure.
ちょっとわかりません。

All my friends are so nice.
友だちはみんないい人なので。

(9) How old is your cell phone?

About three years old.
3年くらいです。

It works fine.
ちゃんと動いてるし。

About one year old.
1年くらいです。

I already want to get a new one.
もう新しい機種がほしくなってしまいました。

(10) How old do you think I am?

I can't tell.
私にはわかりません。

You are younger than me, I think.
私よりは若いでしょうね。

Let me think.
そうですね……

I think you're in your 30's.
30代じゃありませんか？

Unit 3
How+ 形容詞...?

You pay so much for so little space.
ちっぽけな部屋なのに高い家賃を払わなくちゃならないんです。

How about your country?
あなたの国はいかがですか？

> cheap は「値段が安い」。「質が悪い」ではない。You pay so much for so little space. の You は「あなた」でなく、「人々」を指している。They / We / People でも言える。

But coffee in a fancy hotel is expensive.
高級ホテルのコーヒーは高いですよ。

How about in your country?
あなたの国ではいくらくらいですか？

> a proper cafe は nice cafe と言ってもいい。proper は主にイギリス英語でよく使われる言葉。fancy も同様、nice と言い換えられる。

A lot of foreigners can speak Japanese fluently.
日本語が達者な外国人もたくさんいますよ。

Do you know any Japanese words?
何か日本語知ってますか？

> easier は「もっと簡単」。文法的には比較級だが、必ず than を付けて言わなければならないのではなく、むしろこの例文のように単独で使うことのほうが多い。

But I only have a few GOOD friends.
でも本当に仲のいい友だちはわずかですね。

But my best friend is my dog.
でも親友は私の犬です。

> 「仕事上の知り合いはたくさんいる」なら I have a lot of business acquaintances. と言う。「本当に仲のいい」は GOOD friends と GOOD を強調して言おう。

So I don't need to get a new one.
だから機種変更しなくていいんです。

How about you?
あなたは？

> work は機械などが「機動する、動いている」の意の動詞。need は「〜する必要がある」。want は「〜したい」。

How old are you?
何歳ですか？

How about me?
じゃあ私は？

> 年齢を表す「〜代」は、...'s で。I think を文頭につけると、確信度が100%でないことを表す。ちなみに年齢をあっさり相手に聞くのは失礼。もちろん自己紹介でも言う必要ない。

Unit 4 — How do you like...?

コーチからのアドバイス

あなたの意見を聞いているノックには、文で答えよう。

How do you like...?とWhat do you think of...?はほとんど同じ。あなたの意見を軽く聞いている。両方とも堅い話題にも軽いチャットにもOK。答え方は3H。最初のひと言はフルセンテンスで。意見を聞かれているからとかしこまる必要はない。気軽なチャットでの話題提供にすぎない場合も多い。よく知らなくて答えに困ったらI'm not sure.で。

Round 1 まず ひとこと

1. How do you like the Japanese Prime Minister?
日本の総理大臣はどう思います？

Well…
そうですね……
I don't know much about him.
彼のことはよく知らないんです。

> How do you like…?はWhat do you think of…?と同じであなたの意見を聞いているから、文で自分の気持ちを伝えること。わからなければWell…。

2. How do you like the American President?
アメリカの大統領はどう思います？

She seems intelligent.
知的な人ですよね。
He's OK.
普通です。

> He's OK.は、とてもいいと思っているときには使わない。どちらかというと否定的なニュアンスを含む。

3. What do you think of the economy these days?
最近の経済はどうでしょうか？

Well…
そうですね……
They say it's recovered.
回復してるって言う人もいます。

> They say…はSome people say…と同様「巷では〜とも言われている」の意。

4. What do you think of the Japanese baseball players in the US?
アメリカの日本人野球選手についてどう思いますか？

I don't know much about them.
彼らのことはよく知らないんです。
They're great.
すごいですね。

> 「野球のことはよく知らない」はI don't know much about them.と言ってもいい。2番目のTheyは在米日本人選手のこと。

Unit 4
How do you like...?

5. How do you like this book so far?
ここまでのところ、この本はどうですか？

- It's tough.
  大変です。
- This method is fantastic!
  この方法はすごくいいですよ！

> 5. so far は「これまでは、今までは」の意味。物理的な距離に関係する言葉ではない。fantastic は「すばらしい」。wonderful、marveolus、fabulous なども同義。

6. How do you like Tokyo?
東京はどうですか？

- I love Tokyo.
  大好きです。
- Tokyo's not bad.
  悪くないですよ。

> 6. love は物に対して使えば「〜大好き」。人に対して使えば「愛している」の意になるので、注意。

7. What do you think of Japanese TV?
日本のテレビ番組についてはどうでしょう？

- It's entertaining and creative.
  楽しめるしクリエイティブですね。
- I don't watch it often.
  あんまり見ません。

> 7. 7〜10のノック What do you think of...? は基本的に How do you like...? と同じ意。

8. What do you think of the Japanese Emperor?
日本の天皇についてはどう思います？

- That's a difficult question.
  難しい質問ですね。
- I don't have an opinion one way or another.
  これと言った意見はありません。

> 8. いろいろ微妙な関係で、ストレートに答えにくい質問には、That's a sensitive question. と言ってもよい。one way or another は「あれやこれや」の意。

9. What do you think of married women keeping their family names?
夫婦別姓についてどう思いますか？

- I support it.
  賛成です。
- That's a difficult question.
  難しい質問です。

> 9. I think it's good. も「賛成です」と同じようなニュアンスになる。

10. What do you think of gay marriage?
同性愛者同士の結婚についてはどうですか？

- It's fine.
  別にいいんじゃないですか。
- I don't mind it.
  私はかまいません。

> 10. It's fine. は「別にいいです」の意。強く肯定しているわけではない。「考えてみたこともありませんでした」なら I've never thought about it. の意。

Round 2 まず ひとこと そして 補足

CD 1 56

コーチからのアドバイス
補足説明が難しい質問には、That's a difficult question.

会話の中では、すぐに「補足説明」できないときだってもちろんある。そんなときは、❸のように Well...「そうですねぇ……」と第1ラウンドで答えを Yes.か No.か保留しておいて、That's a difficult question.「それは難しい質問ですね」と付け加えれば OK。そのまま逃げ切りたければ、続けて What do you think?と相手に球を返していい。

① How do you like the Japanese Prime Minister?

Well...
そうですね……

She has some good policies.
彼女の政策はなかなかいいと思いますよ。

I don't know much about him.
彼のことはよく知らないんです。

He's popular with some people.
ある人たちには人気があります。

② How do you like the American President?

She seems intelligent.
知的な人ですよね。

She's better than the last President.
前の大統領よりいいですね。

He's OK.
普通です。

I don't like his policies very much.
彼の政策はあまりいいと思わないし。

③ What do you think of the economy these days?

Well...
そうですね……

That's a difficult question.
難しい質問ですね。

They say it's recovered.
回復してるって言う人もいます。

I hope it gets much better.
もっとよくなってほしいですね。

④ What do you think of the Japanese baseball players in the US?

I don't know much about them.
彼らのことはよく知らないんです。

I like Saburo though.
サブローはいいと思いますよ。

They're great.
すごいですね。

And it's exciting to watch them.
がんばってるし、おもしろい試合を見せてくれますよね。

Unit 4
How do you like...?

Round 3 まず ひとこと そして 補足 さらに はずみ　CD2 01

コーチからのアドバイス
興味がない話題でも、対等な会話をしたいもの。

❽〜❿のノックのように「天皇制」とか「夫婦別姓」などなど、答えにくいかあまり関心がない話題をふられてくることもある。対等な大人同士なら、たとえ自分の確たる意見がなくても、きちんと会話をしたい。❾のように、「難しい質問ですね」のひと言で始めても、話しながら考えて、「〜のほうがいいと思う」とまとめられればGood。

What do you think?
あなたはどう思います？

But some don't respect him.
でもダメっていう人もいますよね。

❽. He's popular with...は、ここでは「〜に支持されている」「〜に人気がある」の意。respectは「尊敬する」でなく「尊重する」。「尊敬する」はadmire。混同しないように。

What do you think?
どう思います？

He does whatever he wants.
何でも好き勝手にするし。

❾. 文末のat allは文中のnotとセットで「全然〜でない」と強調するときに。[whatever S + V]は、「SがVすることは何でも」とか「SがどんなにVしようとも」の意。

But I think it's getting better.
でもよくなってきてるんじゃないかな。

Do you think it'll get better?
よくなると思いますか？

❾. hopeとwishをきちんと区別しておこう。[I hope S +V.]は、「〜になりますように」と希望を言うときに、I wish...は愚痴っぽく言うときに使う。

How's Saburo doing this year?
彼は今年、どうなんですか？

But I think Japanese baseball is losing a lot of good players.
でも日本の野球界からはどんどんいい選手がいなくなってますよね。

❿. I like Saburo.と固有名詞を出したら、Have you ever heard of him?と相手に確認することも大事。

Round 2 まず (ひとこと) そして (補足)

(5) How do you like this book so far?

- **It's tough.**
  大変です。
  - **But it's good practice for me.**
    でもいい練習になります。

- **This method is fantastic!**
  この方法はすごくいいですよ！
  - **I answered most of the questions.**
    ほとんど全部の質問に答えられました。

(6) How do you like Tokyo?

- **I love Tokyo.**
  大好きです。
  - **The city is fun and exciting.**
    おもしろくて楽しいですね。

- **Tokyo's not bad.**
  悪くないですよ。
  - **I like Osaka's food and atmosphere better.**
    大阪の食べものや雰囲気のほうが好きなんです。

(7) What do you think of Japanese TV?

- **It's entertaining and creative.**
  楽しめるしクリエイティブですね。
  - **Some shows are truly original.**
    オリジナリティ豊かな番組もありますよね。

- **I don't watch it often.**
  あんまり見ません。
  - **Some shows are so stupid.**
    ばかばかしい番組もありますし。

(8) What do you think of the Japanese Emperor?

- **That's a difficult question.**
  難しい質問ですね。
  - **A lot of people say the Emperor is a symbol.**
    象徴だって言う人が多いですけど。

- **I don't have an opinion one way or another.**
  これと言った意見はありません。
  - **He is involved in Japan's foreign relations.**
    外交の一翼を担ってますけど。

(9) What do you think of married women keeping their family names?

- **I support it.**
  賛成です。
  - **I think women should be able to choose.**
    女性に選ぶ権利があってもいいと思います。

- **That's a difficult question.**
  難しい質問です。
  - **I'm pretty traditional though.**
    私はけっこう保守的なんです。

(10) What do you think of gay marriage?

- **It's fine.**
  別にいいんじゃないですか。
  - **Gay couples should have the same rights as straight couples.**
    同性愛者にも同じ権利があるべきです。

- **I don't mind it.**
  私はかまいません。
  - **But I don't support it.**
    でも支持はしませんけど。

Unit 4
How do you like...?

Round 3 まず ひとこと そして 補足 さらに はずみ

- **What do you think of my answers?**
  私の答えはどうですか？

- **It's thanks to Steve's advice.**
  スティーブさんのアドバイスのおかげですね。

> most of the questions は、almost every (all) question(s) とも言える。almost questions は誤用。thanks to... は「〜のおかげ」の意。「あなたのおかげです」は I should thank you.。

- **There are a lot of opportunities too.**
  チャンスもたくさんありますしね。

- **How do you like Tokyo?**
  東京は好きですか？

> opportunities は「機会、チャンス」のこと。ビジネス場面では特に chance よりよく使う。atmosphere は「雰囲気」。

- **What do you think?**
  どう思います？

- **They insult my intelligence.**
  バカにされているような気がしますよ。

> truly は「文字通り」の意味。original は「ユニークな」。insult は「ばかにする」。日本語の「侮辱する」よりもっと使用範囲が広く、例文のような文脈でも使う。

- **What in the world does that mean?**
  それっていったいどういうことですか？

- **But he doesn't interfere with politics.**
  でも、政治には干渉しない。

> もしこのノックが自分にとって興味ないものだとしたらなおさら、練習に励んで自分なりの答え（ネタ）を用意しておくことが大事。What in the world...? は「いったい何？」の意。

- **What do you think?**
  どう思います？

- **So I'm in favor of taking the husband's family name.**
  だから夫の姓を名乗ったほうがいいと思います。

> should be able to... は「〜できるはず」「〜すべき」。「〜する権利がある」は have the right to... とも言う。I'm in favor of... は、「〜を支持している」の意味。I support... とも言える。

- **Don't you think so?**
  そう思いません？

- **Let's talk about something else.**
  話題を変えましょう。

> straight は「同性愛でない」の意味。I'm straight. は I'm not gay. と同じ。Don't you think so? は、相手に同意を求めるニュアンスがあり、What do you think? よりその分強い言い方。

Unit 5

Don't you...? ［否定疑問文］

コーチからのアドバイス：否定疑問文は意外と簡単。否定形の文頭は無視して。

Don't you...?「～ではないですか」と聞かれて、「～ではないですよ」と答えたいときは、Yes.？　それともNo.？といつも悩ませられる、この否定疑問文。

実は本当はそんなに難しくない。Aren't とか Don't とかその否定の部分は無視して、その後に続く聞かれている内容について素直に答えればいい。早速練習してみよう。

Round 1　まず　ひとこと　CD2 02

① Don't you love long weekends?
金曜や月曜が祝日だとうれしくなりませんか？

- **Yeah.** ええ。
- **Not really.** 別に。

> 返答に困るときは、もちろんWell...でOK。「連休っていつのこと？」とわからないときはI'm sorry. What do you mean? と聞き返そう。

② Don't you hate this weather?
この天気イヤじゃありませんか？

- **Not really.** いえ、それほどでも。
- **Yeah.** まったく。

> キーワードは hate this weather. それについて Yes. / No. を言えばいい。「別に」と言いたいときは、Not really.。強く「大嫌い」は、Yes!で。

③ Don't you love Japanese restaurants?
日本のレストランっていいと思いませんか？

- **Yes!** そうですよね！
- **The food is excellent.** 食べものはおいしいです。

> ふたつめの例文のように、Yes. / No.をとばしてフルセンテンスで自分の気持ちを言ってもいい。

④ Don't you like *natto*?
納豆好きじゃないんですか？

- **Not really.** 私はちょっと。
- **Yeah.** おいしいですよ。

> 「大好きです」なら Yes!ときっぱり。「大嫌い」なら No.。Not really.ならちょっとソフトに「あんまり好きじゃない」の意に。

Unit 5
Don't you...? [否定疑問文]

⑤ Don't you need a break?
休憩しなくていいんですか？

- **No, thanks.**
  けっこうです。
- **Not really.**
  特には。

> 「私は休憩をとらなくて大丈夫です」はI'm OK.で。これは相手のオファーをソフトに断る言葉。「ええ、ありがとう」ならYeah, thanks.。

⑥ Don't you like your name?
自分の名前好きじゃないんですか？

- **It's OK.**
  普通です。
- **Yeah.**
  ええ。

> 「あまり好きじゃないですね」なら、Not really.「考えたことがありませんでした」ならI've never thought about it.で。

⑦ Doesn't Japan have beautiful mountains?
日本って美しい山がありませんか？

- **Yes!**
  そうです。
- **Well...**
  そうですね……

> 否定疑問文はDon't...?のほかにDoesn't...?やAren't...?やIsn't...?など。英語の動詞って、本当に混乱しやすいよね。Aren't English verbs confusing?

⑧ Don't you love rush hour trains?
電車のラッシュアワーって、本当に最高ですよね！

- **NO!**
  とんでもない！
- **Yes!**
  そのとおり！

> love「大好き」とrush hourのように、明らかに対極的なものを結びつけるのは、ジョークのひとつのパターン。2番目のYes!はジョークで返している。

⑨ Don't you love breathing in smoke when you eat at a restaurant?
レストランでのタバコの煙、あなたも大好きでしょう？

- **Yeah.**
  ええ。
- **I don't mind.**
  気にならないですね。

> これもジョーク。1番目のYeah.は「同感」の意味も、「あなたの冗談に乗った！」の意味も示せる。

⑩ Isn't late night TV in Japan educational?
まったく日本の深夜番組って、なんて教育的なんでしょうね！

- **Well...**
  そうですね……
- **Yeah.**
  ええ。

> これも冗談というか皮肉（sarcasm）。もちろん人の意見はそれぞれ。自分の思うところを遠慮なく伝えて。

Round 2 まず ひとこと そして 補足

CD2 03

コーチからのアドバイス
補足説明こそ、ややこしい否定疑問文の救世主。

Don't you...?は「〜ではないですか？」だから、「はい、〜ではないです」と言いたいときは Yes? No?と悩む必要はない。たとえ最初のラウンドで間違えて逆の返事をしちゃったとしても、大丈夫。あいづちを打つつもりで No.と言うべきところ Yeah.と言ってしまったとしても、補足で修復できる。会話は丈夫なもの。補足ラウンドが会話を支える。

---

① Don't you love long weekends?

Yeah. ええ。
We have one next month. 来月ありますよ。

Not really. 別に。
I'm always so busy. いつもとても忙しいので。

---

② Don't you hate this weather?

Not really. いえ、それほどでも。
I'm used to it. もう慣れてますから。

Yeah. まったく。
Why did it rain today? どうして雨なんでしょう。

---

③ Don't you love Japanese restaurants?

Yes! そうですよね！
The seasonal foods are brilliant. 旬の食べものがいいんですよ。

The food is excellent. 食べものはおいしいです。
And the prices are reasonable. それに値段もそれほど高くないですし。

---

④ Don't you like *natto*?

Not really. 私はちょっと。
I had it when I was young though. 小さいときに食べてみましたけど。

Yeah. おいしいですよ。
Some people stir it up before they eat it. かき混ぜる人もいますけど。

Unit 5
Don't you...? ［否定疑問文］

Round 3 まず ひとこと そして 補足 さらに はずみ CD2 04

コーチからのアドバイス：2分以内に10ノック、達成できるようになった？

「1000本ノック」も、もうこれまで570本ノック終了。あなたもだいぶ3Hで言葉を返すことに慣れてきたのでは？前にも言ったけど、時間制限を設けることがあなたの会話力上達のカギ。2分以内に10ノックすべて、3Hで返してみることを目標に練習してみて。さあ、後半の約500本、続けてがんばろう！ You can do it!

What are you going to do?
何か予定してます？

So I usually have to go to my office.
だからたいていは出勤になってしまいます。

How about you?
あなたは？

Oh well...
しょうがないですね。

That's one of the best things in Japan.
日本のいいところのひとつですね。

What do you think?
どう思いますか？

How about you?
あなたは？

I eat it without stirring it up.
私はかき混ぜずに食べますよ。

・What are you going to do? は単純に「何をするつもり？」と聞いている。かしこまって計画を尋ねているわけではない。

・Oh well... は決まり文句で「しょうがないですね」の意。There's nothing we can do about it [the rain/the economy].「それ（雨／経済）についてできることは何もありません」でもOK。

・brilliant はイギリス人がよく使う言葉。wonderful や great と言ってもOK。That's... の that は前文の内容を指す。このthat の用法をマスターすると連続文を話しやすくなるよ。

・stir...up は「～をかき混ぜる」の意。外国人にこのノックをするときは natto を知らないかもしれないから気をつけて。ちなみに僕はこれまで何百回もこの質問をされました。

Round 2

(5) Don't you need a break?

No, thanks.
けっこうです。

Let's finish this.
まずこれを終えましょう。

Not really.
特には。

But I'm flexible.
でもどちらでもいいですよ。

(6) Don't you like your name?

It's OK.
普通です。

It sounds a little old-fashioned though.
少し古臭い気がします。

Yeah.
ええ。

I like it now.
今は気に入っていますけど。

(7) Doesn't Japan have beautiful mountains?

Yes!
そうです。

Of course everyone knows Mt. Fuji.
もちろん誰でも富士山は知っています。

Well...
そうですね……

I haven't been to many Japanese mountains.
たくさんの日本の山に登ったことはないけど。

(8) Don't you love rush hour trains?

NO!
とんでもない！

But I'm used to them.
でももう慣れました。

Yes!
そのとおり！

I love them!
好きで好きでたまりませんね。

(9) Don't you love breathing in smoke when you eat at a restaurant?

Yeah.
ええ。

I love the smell on my clothes too.
服にしみ込んだ煙のニオイもたまりませんね。

I don't mind.
気にならないですね。

All my friends and family smoke.
友だちも家族もみんな吸うので。

(10) Isn't late night TV in Japan educational?

Well...
そうですね……

Some shows are extremely creative.
発想が豊かな番組もありますけどね。

Yeah.
ええ。

You can learn some weird things.
変なことを学んじゃえますよね。

Unit 5
Don't you...? [否定疑問文]

And then we can take a break.
それから休憩しましょう。

Would you like a break?
ひと息入れますか？

> I'm flexible.は「どちらでもいいです」の意味。日本語の「フレキシブル」と用法はほぼ同じ。Would you like...は「〜はいかがですか」。Do you want...?より丁寧な言い方。

How about you?
あなたはどうですか？

But I used to hate it when I was a child.
でも子どものときは大嫌いでした。

> [S+ sounds...]は、「Sは〜に聞こえる」の意味。I used to... when I was...は「〜だったときはよく〜していた」の意味。

But Japan's Alps are breathtaking!
でも日本アルプスは息をのむほど美しいですよ！

> Of course... But...はよくある3Hパターン。「もちろん一般的には〜。だけど〜」のような展開方法。

What Japanese mountain do you like best?
日本の山ではどれがいちばん好きですか？

What do you think of them?
あなたはどう思います？

I feel like a piece of rice in a rice ball.
自分がおむすびの中の米粒になったような気がしますよ。

> I'm used to...は「〜に慣れている」。I used to...は「以前はよく〜をした」。両方とも大事な用法だからしっかり使えるようにしておこう。feel like...は「〜のような気分がする」の意味。

I'll never get used to it.
絶対に慣れるってことはないでしょうね。

How about you?
あなたは？

> I love the smell on my clothes too.は「冗談に乗った」ことをYeah.で示したのを受けて、自分でも同じ路線で冗談をエスカレートさせている例。get used to...は「〜に慣れる」。

TV stations test experimental shows in the late night slot.
テレビ局は深夜枠で実験的な番組がウケるかテストしてるんですよね。

What kind of shows have you seen?
どんな番組を見たんですか？

> extremelyは「とても、かなり」。単にveryと言うより次に続く言葉を強調する意味合いになる。slotは「枠」。ここでは「深夜番組枠」のこと。

Unit 6 ..., isn't it? ［付加疑問文］

コーチからのアドバイス：「付加」部分に惑わされず、「本体」だけ聞いて答える。

前ユニットの否定疑問文と同様、付加疑問文にも苦手意識をもっている人が多い。だけど、「付加」の部分は気にしないで。ただ、その前の部分だけ聞いて、それについて Yeah. か No. か言えばいい。簡単でしょ？ ちなみに、自分が「〜ですよね？」と言いたいときは、付加疑問文ではなく、文の最後に [, right?] をつければ OK。

Round 1 まず ひとこと　CD2 05

1 It's a nice day, isn't it?
いいお天気ですね。

- **Yeah.** 本当！
- **Well...** そうですね……

> It's a nice day, isn't it? は赤の他人にも打てるノックのひとつ。ちなみに赤の他人に文脈なしに、Where are you from? と出身を尋ねるのは失礼。

2 It's cold in here, isn't it?
ここ寒いですよね？

- **Yeah.** ええ。
- **Really?** そうですか？

> 相手に付加疑問文であいづちを求められたとしても、必ずしも同意しなくていい。別の意見を言いたいときは、まず最初に Really? と返すのがベスト。

3 This train's crowded, isn't it?
この電車、混んでますね？

- **Yeah.** ええ。
- **Really?** そうでしょうか？

> 車内で偶然隣り合わせたような見知らぬ人にも聞けるノック。軽く同意するなら Yeah.、もし、同意したくなければ、Really? で。

4 That's a huge line for tickets, isn't it?
切符売場の行列、すごくない？

- **Yeah.** ええ。
- **Really?** そうですか？

> line はここでは「列」の意の名詞。動詞では line up「列を作る」のように使う。イギリス英語では line より queue と言う。

Unit 6
..., isn't it? ［付加疑問文］

⑤ You like wine, don't you?
ワインがお好きでしたよね。

No.
いいえ。
Yes!
そうです。

⑤ こう聞かれたとき、付加疑問文に惑わされず、好きなら好きと答えればそれでいい。もちろんYes./No.を省いて、I love it.といきなり言ってもOK。

⑥ You don't hate dogs, do you?
犬は嫌いじゃないですよね？

No!
嫌いじゃないです。
Well...
そうですね……

⑤「嫌いじゃないですよね」と言われて「嫌い」だけどそうハッキリと言いにくいときは、Well...と言えば、相手に真意が通じるはず。

⑦ You know how to play Mahjang, don't you?
マージャンできますよね？

No.
ダメですね。
Yeah.
やります。

⑤「少しは」とあいまいにしたければ、More or less.で。how to play...はゲームやスポーツについて「～のやり方」と言うときに。

⑧ You haven't seen my umbrella, have you?
私の傘、見ませんでしたか？

No.
いいえ。
Yeah.
ええ。

⑤ 例文のように答えるほかに、What's it like?「どんな傘ですか」、What color is it?「何色ですか」のような情報確認をしてもいい。

⑨ The humidity in the summer is so pleasant, isn't it?
夏の湿気ってなんて爽快なんでしょう！

Yes!
ええ。
Well...
そうですね……

⑤ 明らかに真実とは違うことを言うジョーク。とてもひどいことを素晴らしいと言うなどして、あなたもジョークを作ってみて。

⑩ 1,000 yen for coffee is a bargain, isn't it?
コーヒー1杯1000円？　安いですねえ！

Absolutely.
まったくそのとおりです。
Well...
そうですね……

⑤ Absolutely.は「そのとおり」。強く同意するときに。つまりここではジョークに乗っている返事になる。

Round 2 まず ひとこと そして 補足 CD2 06

コーチからのアドバイス
同意ならば理由を。そうでなければ意見を。

It's a nice day, isn't it?「いいお天気ですよね」のように当たり障りのない話題だからといって、同意しなければならないわけではない。❶の例のように、Well...のあと「確かに日光は心地よいけど」と歩み寄る意見を言ってから、次ラウンドで本音を言うというパターンもある。もし、Yeah.と同意するなら、プラスワンで同意の理由を言おう。

---

① It's a nice day, isn't it?

Yeah.
本当！

It's gorgeous!
最高ですね。

Well...
そうですね……

The sunshine feels good.
まあ日が出ているのは気持ちいいですね。

---

② It's cold in here, isn't it?

Yeah.
ええ。

It's freezing!
寒すぎますよ！

Really?
そうですか？

I'm not that cold.
私はそんなに寒くないですけど。

---

③ This train's crowded, isn't it?

Yeah.
ええ。

I feel like a canned sardine.
缶詰にされたイワシの気分ですよ。

Really?
そうでしょうか？

This is pretty bad.
けっこう混んでますけど。

---

④ That's a huge line for tickets, isn't it?

Yeah.
ええ。

It's so long.
すごい列ですねえ。

Really?
そうでしょうか？

It'll go fast.
すぐに進みます。

Unit 6
..., isn't it? ［付加疑問文］

Round 3 まず ひとこと　そして 補足　さらに はずみ　CD2 07

コーチからのアドバイス

相手の懸念を払う
Don't worry about it.

はずみのフレーズとして、これまでいろいろ紹介してきた。聞き返しの How about you? や What do you think? など。ここで紹介したいのは、Don't worry about it.。これは「心配しなくていいですよ、大丈夫ですよ」の意。❹のように相手が余計な心配をしているようなときは、このフレーズで。逆に「どうしよう？」と心配なときは What should we do?。

This is the best time of the year, isn't it?
一年でいちばんいい季節ですよね。

But I wish it were warmer.
でももう少し暖かければいいんですけどね。

> gorgeous は「豪華な」だけでなく、天気とか風景に対しても「すばらしい」の意味で使う。I wish it were... は現実とは違うことに対して愚痴っぽく「〜だったらいいのに」と言うときに。

What should we do?
どうしましょうか？

Would you like to borrow my jacket?
ジャケットを貸しましょうか？

> I'm freezing. なら「寒くてこごえそう」。[should + V] は「〜すべき」というより「〜したほうがいい」の意味で使われることのほうが多い。

Do you know what I mean?
そう思いません？

But you've seen worse, right?
でももっとひどいときもありますよね。

> I feel like... は「〜のような気分がする」の意味。この例文のように比喩を言うときに便利。Do you know what I mean? のように相手の理解度を確認することも、会話の大事なポイント。

What should we do?
どうします？

Don't worry about it.
大丈夫ですよ。

> Don't worry about it. は、単に Don't worry. と言うより丁寧。この意味では Don't mind. は使わないから注意。
> どうですか？ この4つノック、3Hで1分以内に答えられた？

Round 2 まず (ひとこと) そして (補足)

5. You like wine, don't you?

- **No.**
  いいえ。
  - **I don't drink.**
    私は飲まないんです。

- **Yes!**
  そうです。
  - **I love wine.**
    ワイン大好きなんです！

6. You don't hate dogs, do you?

- **No!**
  嫌いじゃないです。
  - **I love dogs!**
    犬は大好きなんです！

- **Well...**
  そうですね……
  - **I don't HATE them.**
    嫌いじゃないんですけど。

7. You know how to play Mahjang, don't you?

- **No.**
  ダメですね。
  - **I played once.**
    一度やったことはあるんですけど。

- **Yeah.**
  やります。
  - **But I'm not very good.**
    でもそれほどうまくはないけど。

8. You haven't seen my umbrella, have you?

- **No.**
  いいえ。
  - **You can borrow mine.**
    私のを借りていってもいいですよ。

- **Yeah.**
  ええ。
  - **It was over there.**
    あそこにありましたよ。

9. The humidity in the summer is so pleasant, isn't it?

- **Yes!**
  ええ。
  - **I love wet clothes.**
    湿った洋服って最高。

- **Well...**
  そうですね……
  - **I'm used to it.**
    もう慣れました。

10. 1,000 yen for coffee is a bargain, isn't it?

- **Absolutely.**
  まったくそのとおりです。
  - **And 10,000 yen for dinner is so cheap.**
    夕食が1万円？　まあ安い！

- **Well...**
  そうですね……
  - **Sometimes coffee is overpriced.**
    確かに高すぎるところもありますけど。

Unit 6
..., isn't it? [付加疑問文]

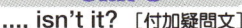

But please have some if you like.
でもお気になさらず召し上がってください。

Why don't we have some?
ちょっと飲みません？

> I don't drink.は「お酒は飲みません」。Do you drink?も「お酒は飲みますか」の意味になる。Why don't we...?は「～しませんか」とかるく誘うときの表現。Let's...より強制的でない。

How about you?
あなたも？

But I'm not an animal person.
動物が大好きっていうわけではないですね。

> an animal personは「動物大好き派」。a dog personは「犬派」、a cat personは「ねこ派」。

But I don't remember the rules.
ルールを忘れてしまって。

How about you?
あなたも？

> I'm not very good.のgoodは「上手な」の意味。つまり2番目の例文は「そんなに上手ではないけど、やります」「下手の横好きです」ということ。mahjangは今世界で広がりつつある。

Here you are.
さあどうぞ。

I wonder if someone took it.
誰かが持ってっちゃったのかな。

> I wonder if...は「～かなぁ」とつぶやくような感じ。「I wonder if + S+ V」の語順は重要。「できるかな」は、I wonder if I can do it.、「お金足りるかな」はI wonder if we have enough money.。

I especially like going up the stairs in the summer.
特に夏の上り階段がいいんですよ！

What I don't like is too much A/C in restaurants.
私がいやなのはエアコンが効き過ぎのレストランです。

> especiallyは「特に」の意味。Especially...とこの言葉から文を始める人が多いが、主語のあと、動詞の前におくことが基本。もちろん、1番目はジョーク。

Bargains are everywhere.
あっちもこっちも激安ですね！

But sometimes it's truly gourmet coffee.
でもそれなりのコーヒーだったりするんですよ。

> overpricedは、値段の付け方が理に合わないということ。要するにボッているという意味。「高価だが、その価値がある」ときは、expensive。こちらも、1番目はジョーク。

149

スティーブのコラム 4 日本語と英語の赤信号

　僕が日本に来て気づいたことは、日本語と英語の「赤信号」の大きな違い。日本語の赤信号は、ズバリ言えば「丁寧さ」。言い換えれば、対人関係、上下関係によって言葉を使い分けたり、「内輪の人」なのか「ヨソの人」なのかで言葉の区別をしたりしないと赤信号！　こんな微妙な使い分けを上手にしている日本人はすごい。一方、僕は、これまで何回か赤信号を起動させてしまったことがある。

　たとえば、「さん付け」。自分の教授のお嬢さんのことを気遣うつもりで「娘は元気ですか」と聞いて、けげんな顔をされちゃったり、公園でいつもお母さんと散歩している近所の人がひとりでいたとき、「母（ハハ）はどこにいるんですか」と聞いてしまって、「え？　スティーブさんのお母様はアメリカにいるんじゃないんですか？」とマザコン扱いされちゃったり。でも僕にとって、聞きたかったことを英語で言えば、How's your daughter?とか Where is your mom?。ただ、これだけのことだったんだ。

　赤信号を起動させちゃったのは、「さん付け」だけではない。昔、日本料理店で「何名様ですか？」と聞かれて「1名様」と答えたこともある。また、就職の面接で相手に僕が言ったことがちゃんと伝わったかどうかを確かめようと「あなたはわかりますか？」と言って、ヒンシュクを買ったことも。そう言えば内定通知は来なかった。ただ、僕としては会話マナーに沿って Do you understand? と聞いただけなんだけどね。

　もちろん、敬語表現は英語にもある。例えばI want this.だと「これ、ほしい！」のような幼稚っぽい言い方になり、大人だったら I'd like this.とか May I have this?「これをいただきたいですが」のように言うべき、など。でも日本語と比べて敬語がマストな場面は非常に少ない。もっと重大な「英語の赤信号」は別のこと。なんだと思う？　もちろん「無言」も不正解ではないけど、英語がどうしても譲れない赤信号は「語順」。日本語と違って、英語では語順を間違えたらアウトだと言うこと。

「その辺であなたの友だちを見かけたよ」は、I saw your friend over there.しかない。決して、Your friend saw I over there. とか、Over there your friend saw I. にはならない。語順は間違ったら赤信号。英語では、敬語を気にする前に、語順をしっかり身につけることのほうが大事。
　英語の語順の大原則は「主語（S）+動詞（V）」。そして、文の最後に「時間（T）場所（P）頻度（F）」。これが数ある文法項目の中で最重要なポイントだ。1000本ノックを受けるときも、いつも、「S + V」で英文を作ればノープロブレム。通じる確率はほぼ100％。主語を省略したり、語順が柔軟な点は日本語の素晴らしいおおらかなところだし、外国人にとってもコミュニケーションがとりやすいところでもある。でも、英語の語順は日本語みたいに融通が利かない。
　特に日本には主語から英文を言うことに慣れていない人が多い。逆に言えば、これを克服すれば、通じる確率はぐんと上がる。もっと英語が口から出やすくなるし、聞き取る能力にも貢献する。「主語から文を始めて次に動詞を言う。最後はTPF」。この語順を心がけて、ノックを受けてみて。

スティーブのコラム5 10～20SPMをめざそう

　難関大学を突破している学生でも、TOEIC(R)で高スコアを持っている人でも、英語を話せない人はけっこう多い。これらの試験のいい所は具体的なわかりやすい数字が出ることとも言えるが、もうちょっと本物の会話力、運用力を示す数字はないかなと思い、僕はSPM(R)を考案した。SPMは、Sentences Per Minute(R)の略だ。これは、「1分間に話せる英文の数」を示している。厳密に言うと、「英文の産出率（レート）」。これが意味ある英会話の水準だ。

　例えば、国連で交わされている会話で1分あたり何個の英語のセンテンスで話されているのかモニターすれば、そのSPMの値は出る。実際、1999年以来、僕は世界の英語話者のSPMを調べてきた。調査対象はネイティブ・スピーカー、非ネイティブ・スピーカーの別を問わず、世界の政治家やノーベル賞受賞者、俳優、作家、ビジネスパーソン、学生などなど。そして、結果として、ユニバーサルな世界英会話水準があることがわかった。それはみな1分以内に10～20の英文で会話をしているということ。この10～20SPMという数字だけ聞くと多いように思うかもしれないが、これ以下のSPM数値だと、長～い空白の時間ができたり途切れ途切れになったりして、会話をしているという感じにはならない。逆に20SPM以上だと、明らかに急いでいるときの口調に感じられてしまう。だから、シンプルな文でいいから、10～20SPMを英会話のノーマルスピードとして、あなたの目標にもしてほしい。

　英会話がうまい人は、簡単な文章を連続してスムーズに話ができるし、10～20SPMペースでのキャッチボールに慣れている。あなたも、10～20SPMの目標達成は無理じゃない。会話力をのばすには、話せそうなノックを選んで1分あるいは30秒以内にいくつの英文を言い切れるのかチャレンジしよう。

Chapter 4

トピック・ノック

　この章では、日常生活でもよく話題になる12のトピック、「お仕事は何ですか？」「兄弟はいますか？」のようなものから「男と女には友情が成立すると思いますか」のようなものまで、さまざまなノックが飛んでくる。3章、4章で学んだことを生かして、どこまで話題についていけるかチャレンジ！　自分の考えの表し方をしっかり「3Hノック」で身につけよう。

ノック数360

Unit 1

いちばん好きなもの
Favorites

コーチからのアドバイス: 5W1H型とYes. / No.型、2種類の応答パターンをおさえよう。

ここでの3Hノックの文型は大きく分けて2種類。答え方もそれに合わせて。❶～❻のようにWhat's...?やWhere's...?のような5W系で聞かれたときは、まずひと言ズバリ答えることが基本。❼～❿のDo you...?にはまず[Yes / Noスケール]で。余裕があれば、一緒に好きなものを続けて言おう。favorite...は「いちばん好きな～」の意。ただの「好きな～」ではない。

Round 1 まず ひとこと　CD2 08

① When's your favorite time of the day?
一日でいちばん好きな時間はいつですか？

- **Sunset.** 夕暮れ時。
- **Noon.** 正午です。

> 具体的に、Around 10 in the morning.「朝の10時頃」とか、After 5.「5時過ぎです」のように言っても、もちろんOK。

② What's your favorite book?
いちばん好きな本は何ですか？

- **I don't have one.** 決まった本はありません。
- ***People Power***. 『ピープルパワー』です。

> こう聞かれたら、ズバリ書名で答えるのがスタンダード。ここは、固有名詞(書名)を出すことをためらわずに。ちなみに*People Power*は架空の本。

③ What's your favorite food?
いちばん好きな食べ物は？

- **Japanese *soba* noodles.** 日本のソバです。
- **Well...** そうですね……

> 「たくさんあるので、わかりません」と言いたいときは、I'm not sure. There are so many.。迷うときはWell...で時間稼ぎも。

④ What's your least favorite food?
いちばん苦手な食べものは？

- **I can eat anything.** 何でも食べられます。
- **Hot dogs.** ホットドッグですね。

> 一緒に食事に行くことになったときなど、互いに食べられないものを知っていることは大事。このノックは「食べられないものはありますか」の意にも。

トピック・ノック
Unit 1
いちばん好きなもの
Favorites

⑤ Where's your favorite place in Japan?
日本でいちばん好きな場所はどこですか？

- **Kyoto.**
  京都です。
- **Okinawa.**
  沖縄です。

> このノックには、ひとつの場所を挙げるのがベストな答え方。ただ、次ラウンド以降での補足説明をしっかりとする心構えで。

⑥ Where's your favorite restaurant?
いちばん好きなレストランはどこですか？

- **Boro-ya.**
  ボロヤという所ですね。
- **The Black Pearl.**
  ブラック・パールです。

> このノックはあなたのいちばん好きなレストランの所在地ではなく、店名を聞いている。店名を答えたら、その次にIt's... と補足する心づもりで。

⑦ Do you have a favorite sport?
いちばん好きなスポーツは何かありますか？

- **Yeah, baseball.**
  ええ、野球ですね。
- **Not really.**
  特にないです。

> このノックは、What's your favorite...? とほぼ同義。答えは、Yeah.ならそれで終わらせず、なるべく好きなものを一緒に言って。

⑧ Do you have a favorite movie?
いちばん好きな映画は何かありますか？

- **Yeah, *Trains & Love*.**
  ええ、『トレイン＆ラブ』です。
- **There are so many.**
  いっぱいあります。

> 具体的に聞かれた場合、さっと答えられるなら、[Yeah, + 題名]で。2番目の例文のようにNo.を省いて、There are so many.と言ってもいい。

⑨ Do you have a favorite website?
いちばん好きなウェブサイトはありますか？

- **Yeah, "Drudge Report."**
  はい、『ドラッジ・レポート』です。
- **Not really.**
  特には。

> 「特にありませんね」はNot really.。「ひとつもありません」ならNo.。ちなみにDrudge Reportは僕が毎日チェックしているサイト。

⑩ Do you have a favorite artist?
いちばん好きな画家は誰かいますか？

- **Yeah, Ken Hayama.**
  ええ、ケン・ハヤマですね。
- **No.**
  いないですね。

> artistは主に画家のことを指す。音楽家も日本語では「アーティスト」と言うが、英語ではmusician。

155

Round 2 まず ひとこと そして 補足

CD2 09

コーチからのアドバイス: 会話はテストじゃない。気軽に話を展開させて。

いつも厳密に質問に答えようとする必要はない。例えば、❷のように「いちばん好きな本」について聞かれても「いちばん？ えーと、何だろ」と悩まずに「作家」について話すなど、自分の展開しやすい方向にもっていけばいい。会話はテストじゃないから、正解に悩まないで。でも話す「量」は大事。一文でなく連続文で。連続文で自分なりのメッセージを。Have fun!

① When's your favorite time of the day?

Sunset.
夕暮れ時。

The sky's colors are magnificent.
空の色は最高にきれい。

Noon.
正午です。

My morning rush is over.
朝のバタバタが終わるし。

② What's your favorite book?

I don't have one.
決まった本はありません。

My favorite author's Forest Uptown.
好きな作家はフォレスト・アップタウンです。

***People Power*.**
『ピープルパワー』です。

It's the bible of human relations.
人間関係のバイブルです。

③ What's your favorite food?

Japanese *soba* noodles.
日本のソバです。

They are brown thin noodles.
細い茶色い麺なんです。

Well...
そうですね……

I'm into Vietnamese food recently.
最近ベトナム料理に凝っています。

④ What's your least favorite food?

I can eat anything.
何でも食べられます。

But I don't like exotic foods like frogs.
でもカエルのような珍味はごめんです。

Hot dogs.
ホットドッグですね。

It doesn't taste like real meat.
肉っぽい味がしませんよ。

Unit 1
いちばん好きなもの
Favorites

Round 3 まず ひとこと そして 補足 さらに はずみ　CD2 10

コーチからのアドバイス
少しオーバーな言葉もはずみとして活躍。

はずみの言葉として生きてくるのが、一見オーバーな表現。例えば❷の He writes beautifully!「彼の言葉の使い方は美しいです」 とか❻の But the food is amazing!「食べ物は驚くほどすばらしい」など。❸のように英語表現自体はオーバーでないけど、「週に一度は食べる」と相手に「え、本当？」と思わせる言い回しも説得力大。参考にして。

How about you?
あなたは？

And I can finally relax.
やっとリラックスできる時間です。

> magnificent は「とても素晴らしい」様子を表す言葉。gorgeous や beautiful も同義。このように、自分のいちばん好きな理由をビビッドに伝えてみよう。

He writes beautifully!
彼の言葉の使い方は美しいです。

Have you ever heard of it?
聞いたことあります？

> 固有名詞を言ったあとは、Have you ever heard of it? と相手が知っているか確認することが大切。Do you know it? はこの文脈では不適切なので注意。

Would you like to go sometime?
いつか一緒に行きますか？

I have it about once a week.
週に１回は食べてますね。

> I'm into... は「〜に凝っています」の意。recently を文末につけるとひところ流行った「今のマイブームは〜です」。僕の場合、I'm into Jamaican food recently.「最近ジャマイカ料理に凝ってます」。

How about you?
あなたは？

I wonder if it's real meat.
本当のお肉なのかな。

> 何が exotic foods かは、文化によっても異なるので注意。taste は動詞で「〜の味がする」。I wonder if... は、「〜かなぁ」。例えば「できるかなぁ」は I wonder if I can. をよく使う。

Round 2 まず 🧤 ひとこと   そして 🧤 補足

(5) Where's your favorite place in Japan?

🧤 **Kyoto.**
京都です。

🧤 **I love the historical sights.**
史跡が好きなんです。

🧤 **Okinawa.**
沖縄です。

🧤 **It's an island in southern Japan.**
日本の南部にある島です。

(6) Where's your favorite restaurant?

🧤 **Boro-ya.**
ボロヤという所です。

🧤 **It's a hole in the wall.**
小汚い店ですけど。

🧤 **The Black Pearl.**
ブラック・パールです。

🧤 **It's a really nice steak house.**
高級ステーキハウスですよ。

(7) Do you have a favorite sport?

🧤 **Yeah, baseball.**
ええ、野球ですね。

🧤 **I just watch it these days though.**
見るばっかりですけど。

🧤 **Not really.**
特にないです。

🧤 **I used to be good at swimming though.**
前は水泳が得意でしたけど。

(8) Do you have a favorite movie?

🧤 **Yeah, *Trains & Love*.**
ええ、『トレイン&ラブ』です。

🧤 **It's about people meeting on trains.**
電車で出会う話なんですけどね。

🧤 **I have so many favorites.**
いっぱいあります。

🧤 **It's hard to pick one.**
ひとつ選ぶのは難しいですね。

(9) Do you have a favorite website?

🧤 **Yeah, "Drudge Report."**
はい、『ドラッジ・レポート』です。

🧤 **It's a news website.**
ニュースのサイトです。

🧤 **Not really.**
特には。

🧤 **I don't use the Internet often.**
インターネットはあまりしないんですよ。

(10) Do you have a favorite artist?

🧤 **Yeah, Ken Hayama.**
ええ、ケン・ハヤマですね。

🧤 **He draws beautiful pictures of Japan.**
日本のきれいな絵を描くんですよ。

🧤 **No.**
いないですね。

🧤 **I'm not into art.**
美術はあまりわからないんです。

Unit 1
いちばん好きなもの
Favorites

Have you ever been to Kyoto?
京都に行かれたことはありますか？

It's warm all year.
一年中暖かいんですよ。

But the food is amazing!
でも、うまいんですよ。

How about you?
あなたは？

Do you have a favorite sport?
好きなスポーツは何かありますか？

How about you?
あなたは？

Have you ever heard of it?
聞いたことあります？

How about you?
あなたは？

You should check it out.
今度チェックしてみるといいですよ。

What do you recommend?
おすすめはありますか？

How about you?
あなたは？

Most of my friends like Picasso.
私の友だちのほとんどはピカソが好きですけど。

有名な場所でなければ、It's a city/village in northern/eastern/western Japan.「日本の北／東／西にある町／村です」などの補足をすると通じやすい。

a hole in the wall は直訳すれば「壁の穴」。「小汚い、とてもボロい」の意の慣用句。amazing は「とても美味しい」。delicious、good でももちろんOK。

Do you have a favorite sport? と同じ質問で聞き返す方略はどんな場合にもほぼ通用。ここで How about you? と聞くと、前の文を受けて「あなたは？」と尋ねていると思われてしまう。

It's about... は「〜についての話です」。pick は「選ぶ」。choose も同じ。固有名詞を出したらベストな聞き返しは Have you ever heard of it?。確認を忘れずに。

You should check it out. は聞き返しの文ではないけれど、相手に球を返すいい表現。should は「〜したほうがいいですよ」の意味。

Most of my friends... は「私の友だちのほとんどは〜」。この most を誤って almost と言う人が多いので注意。art は普通「美術、絵」を指す。ちなみに僕のいちばん好きな画家はミケランジェロ。

Unit 2

家族
Family

コーチからのアドバイス

「ひとことラウンド」では、さっと答えることを最優先。

家族に関する代表的なノックを集めたが、ご覧の通り文型はいろいろだ。なかでも多いのは「ご家族はどんな方ですか」の意の [What's だれだれ like?]。答え方は、「やさしいです」「厳しいです」のようにまず形容詞ひと言で。自分が話したいことは、自分からノックしてもいい。相手はほぼ100% 聞き返してくれるはず。これも会話をうまく運ぶコツのひとつ。

Round 1 まず ひとこと

CD2 11

1) Do you look like your mom or your dad?
お母さん似？ それともお父さん似ですか？

My dad.
父似ですね。

Neither.
どちらにも。

> こう聞かれたら、My mom. か My dad. と答えるのが基本。どちらでもなければ、Neither. と答えよう。

2) What's your mom's personality like?
お母さんはどんな方ですか？

Sweet and hard-working.
やさしくて働き者です。

Well...
そうですね……

> What's...like? は「〜はどんな感じですか」の意味。答え方は、形容詞でまずひと言。「やさしい」は sweet、kind、nice どれも OK。

3) What's your dad's personality like?
お父さんの性格は？

Even-keeled.
落ち着いた人です。

Fun sometimes.
おもしろいときもあります。

> even-keeled は「バランスのとれた」。keel はもともと船舶用語。

4) Do you have any brothers or sisters?
兄妹はいますか？

Yeah.
はい。

No.
いません。

> このノックは Tell me about your family. 「家族について教えて」よりストレートではない分、話の糸口になりやすい。

Unit 2

家族
Family

⑤ Is everyone in your family in good health?
ご家族のみなさんはお元気ですか？

Well...
そうですね……

Yeah.
おかげさまで。

> このノックには、[Yes / No スケール]で答えよう。ひと言で言えないときや答えに迷ったときは Well... で。

⑥ Have you ever had a pet?
ペットを飼ったことは？

Yeah.
はい。

No.
いいえ。

> Do you have a pet? もこのノックと同じ。答え方は、[Yes / No スケール]でまずひと言。いちいち Yes, I do. まで言わなくていい。

⑦ Who do you live with?
誰と一緒に住んでいますか？

I live by myself.
ひとり暮らしをしてます。

My family.
家族と住んでいます。

> 家族構成を聞くのにベストなノックがこれ。答え方は、My parents / wife / boyfriend / girlfriend. など。

⑧ What does or did your dad do for a living?
お父様のお仕事は？

He worked for an oil company.
石油会社で働いていました。

He is a journalist.
ジャーナリストです。

> 基本の答え方は2通り。[He is / was a 職業.] あるいは [He works / worked for a ～ company.] 会社名は不要。

⑨ What does or did your mom do for a living?
お母様のお仕事は？

She is a Japanese teacher.
母は国語の教師です。

She is a stay-home-mother.
専業主婦です。

> stay-home-mother は「専業主婦」。housewife よりよく使われる。housekeeper「お手伝いさん」と間違えないように。

⑩ Do your relatives ever get together?
親戚で集まることはありますか？

Yeah.
ええ。

Not really.
あまりないですね。

> 「たまには」なら、Sometimes..。「親戚はあまりいないんです」I don't have many relatives. のような返答も OK。

Round 2 まず ひとこと そして 補足 CD2 12

コーチからのアドバイス
難問をうまく切り抜けるには、ズバリ、この3つ。

1000本もノックを打たれて、全部それぞれに納得のいく返事をしようとしても息切れしてしまう。日常会話も同じ。話題は限りない。だから、うまく答えられない場合でも、その場をうまく切り抜けるこのフレーズも道具箱に入れておこう。それは、❷のIt's hard to describe in English.「英語ではうまく説明できません」という意味だ。

---

① Do you look like your mom or your dad?

My dad.
父似ですね。

We have similar eyes and ears.
目と耳が似ています。

Neither.
どちらにも。

I look like my aunt.
おばに似ています。

---

② What's your mom's personality like?

Sweet and hard-working.
やさしくて働き者です。

She doesn't spend money on herself.
自分のためにお金を使わないんです。

Well...
そうですね……

It's hard to describe in English.
英語でなんて言ったらいいのか。

---

③ What's your dad's personality like?

Even-keeled.
落ち着いた人です。

He almost never raises his voice.
怒鳴ることはめったにないです。

Fun sometimes.
おもしろいときもあります。

He's strict other times.
厳しいときは厳しいんです。

---

④ Do you have any brothers or sisters?

Yeah.
はい。

I have two brothers.
ふたり兄がいます。

No.
いません。

I liked being the only child.
ひとりっ子はよかったですよ。

Unit 2
家族 Family

Round 3 まず ひとこと そして 補足 さらに はずみ CD2 13

コーチからのアドバイス: うまく3Hで文脈を作れば、簡単な英文でジョーク！

「英語でジョークなんてまだ先の話」なんて思っている人、そんなことはない。簡単な英文でジョークが言える。カギはうまく3Hで文脈を作ること。
例の❶、❷、❾は英文それぞれが面白いというより、人を笑わせる連続文「3H」になっているいい例。シンプルな短文を連続させて、あなたもジョークに挑戦してみて。

How about you?
あなたはどちら似ですか？

She's a super-model.
スーパーモデルなんです。

> 2番目の例文はもちろんジョーク。ただし、ラウンド1と2は笑わずに言うことが大事。さらにはずみをつけるのなら Just joking.「うそうそ」「冗談さ」を足して。

She's the opposite of my dad.
父とは正反対ですね。

Tell me about your mom's personality first.
先にあなたのお母様について教えてください。

> It's hard to describe in English. は言葉がすっと出てこないときに言えるとベスト。言葉につまったら Tell me about your... のように相手に話の水を向けてみよう。

And he likes to do his own thing.
それにひとりで好きなことをやってるのが好きなんです。

How about your dad?
あなたのお父様は？

> raise one's voice は「大声を出す」。yell、scream も同義。...sometimes. ...other times. は「ときどきは〜です。ほかのときは〜です」の意。

I'm the youngest.
私は末っ子なんです。

Are you an only child?
あなたはひとりっ子ですか？

> 「ひとりっ子」は only child、「長男／長女」は the oldest、「真ん中」は in the middle と言う。ちなみに僕は I'm the oldest. I have two sisters. How about you?

Round 2

(5) Is everyone in your family in good health?

- **Well...** そうですね……
  - **We all need to lose weight.** みんなダイエットしないと。
- **Yeah.** おかげさまで。
  - **My parents are getting old.** 両親は年取ってきましたが。

(6) Have you ever had a pet?

- **Yeah.** はい。
  - **I have a cute little dog.** かわいくて小さい犬を飼っています。
- **No.** いいえ。
  - **I'm allergic to most pets.** だいたいの動物にアレルギーがあって。

(7) Who do you live with?

- **I live by myself.** ひとり暮らしをしてます。
  - **My family lives in my hometown, Higashimachi.** 実家は東町です。
- **My family.** 家族と住んでいます。
  - **I'm married.** 結婚してまして。

(8) What does or did your dad do for a living?

- **He worked for an oil company.** 石油会社で働いていました。
  - **But now he takes care of the house.** でも今は主夫です。
- **He is a journalist.** ジャーナリストです。
  - **He works for a small newspaper.** 小規模の新聞会社で働いています。

(9) What does or did your mom do for a living?

- **She is a Japanese teacher.** 国語の教師です。
  - **She teaches at a junior high school.** 中学校で教えてます。
- **She is a stay-home-mother.** 専業主婦です。
  - **My dad never does housework.** 父は家事の「か」の字もしないので。

(10) Do your relatives ever get together?

- **Yeah.** ええ。
  - **We visit each other's house during New Year's.** お正月に互いの家を訪問します。
- **Not really.** あまりないですね。
  - **We got together for a funeral two years ago though.** お葬式で2年前に集まりましたけど。

Unit 2

家族
Family

How about your family?
あなたのご家族は？

But they're active and healthy.
でも元気で健康にしてます。

> lose weight は「減量する」と「やせる」。「私やせなくちゃ」は I need to lose weight.。反意語は gain weight。active は行動が活発で元気なこと。

Her name is Goldfish.
名前はゴールドフィッシュです。

How about you?
あなたは？

> I'm allergic to... は「〜にアレルギーがある」。allergy は「鼻炎」や「花粉症」の意。hay fever とも言う。

How about you?
あなたは？

And I have three daughters.
3人の娘がいるんです。

> 「どこどこに住んでいます」と固有名詞を入れて補足するときは、それだけあっさり言わないように。例文のように、「私の実家の東町に」と何か補足するといい。

And my mom works.
母が外で働いてるんです。

How about your dad?
あなたのお父様は？

> take care of... は後ろに「人」だけでなく、このように house などの物がくることも。take care of business は、「仕事を片づける」。「専業主婦（夫）」は、stay-home-mother(father)。

How about your mom?
あなたのお母様は？

Even though he's retired!
退職したのにね！

> Even though... は会話をうまくはずませるフレーズ。Even though に文を続けて、「〜なのにねぇ」といったニュアンスに。Even though it's sunny. なら「晴れているのにね」。

We travel together sometimes too.
たまにいっしょに旅行もします。

How about you?
あなたのところは？

> get together は「集まる」「会う」。この意味で gather はあまり使われない。類義の reunion は、同窓会のように大々的に「集まる」。

Unit 3

天気 Weather

コーチからのアドバイス

世界共通の当たり障りのない会話の糸口ナンバーワン。

「天気」は、初対面かどうかにかかわらずどんな相手とも差し障りなく話題にできる。ただあいづちを打っておしまいになりがちなのが難点。会話の基本は、やさしい簡単な文を連続して言うこと。例を参考にしながら、天気の話題をどうふくらませていくのか、自分の言葉で練習して身につけよう。まずはこの10本のノックに1分以内で答えてみて。

Round 1 まず ひとこと

CD2 14

1) Do you like cold or hot weather?
気温は暑いのと寒いのと、どっちがいいですか？

- **Cold weather.**
  寒いほうがいいです。
- **Hot weather.**
  暑いほうがいいです。

> A or B?の質問には、どちらかズバリ答えよう。この場合、「両方とも好きです」なら Both.、「どちらも好きではないですね」なら Neither.。

2) What do you think of today's weather?
今日の天気はどうですか？

- **It's nice.**
  いいですね。
- **It's getting warm.**
  暖かくなってきましたね。

> 「いい天気」のときは fine より nice や sunny をよく使う。get cold は「寒くなる」。get... は「〜になる」。I got tired.は「疲れちゃった」。

3) Did you check the weather forecast today?
今日は天気予報チェックしました？

- **No.**
  いいえ。
- **Yeah.**
  ええ。

> What's the weather gonna be like?「今日の天気はどんな感じなんでしょうね」とか、Is it gonna rain today?「雨、降りますかね」のようなノックも。

4) Do you get cold easily?
寒がりですか？

- **No.**
  いいえ。
- **Yeah.**
  ええ。

> 「暑がりですか」は Do you get hot easily?。「でも今は寒くないですよ」なら But I'm not cold now.。

Unit 3
天気 / Weather

5. What's spring like where you live now?
今、住んでいる所では、春はどんなふうですか？

- **Lovely.**
  素敵ですよ。
- **Rainy and cold.**
  雨が多くて寒いんです。

> What's...like?は「〜はどんな感じですか」の意。日常会話に頻出するノック。3Hの最初の答えは、まずひと言、形容詞で。

6. What's summer like where you live now?
今、住んでいる所では、夏はどんな感じですか？

- **Uncomfortable.**
  過ごしにくいです。
- **Not too bad.**
  そんなにひどくはないです。

> 季節を描写する言葉には Beautiful.「すばらしいですね」、Hot and humid.「蒸し暑いですね」など。Fun.「楽しいですよ」と答えてもOK。

7. What's fall like?
秋はどうですか？

- **Very pleasant.**
  とても気持ちがいいですよ。
- **Beautiful.**
  きれいですよ。

> 「雨が降って寒いです」なら Rainy and cold.。Typhoons usually come in September.「台風はだいたい9月に来ます」のように答えてもいい。

8. What's winter like?
冬はどんな感じですか？

- **Cold.**
  寒いですね。
- **Depressing.**
  どんよりしてます。

> Cold and dark.「寒くて暗いです」のように言ってもよい。Not too bad. なら「そんなに悪くないですよ」の意。

9. What temperature do you set your A/C on in summer?
夏はエアコンの設定温度はどのくらいにしてます？

- **Well...**
  そうですね……
- **As cold as possible.**
  思いっきり低くしてます。

> 「何度？」と聞かれているので、27degrees celcius.「(摂氏)27度です」と、温度をズバリ答えればOK。覚えていなければ I don't remember. と言って。

10. When's the best time of the year to visit Japan?
日本へ行くにはいつがいちばんいい時期ですか？

- **Fall.**
  秋ですね。
- **Anytime.**
  どの季節もいいです。

> 月の名前か、季節の名前で答えよう。このとき、すでに「なぜかというと〜」という心づもりでいると、次ラウンドの言葉がスムーズに出てくるはず。

Round 2　まず ひとこと　そして 補足　CD2-14

コーチからのアドバイス
リアルな会話では、天気の話題にもプラスワン。

天気の話題は日本でもかならず出てくるものだから、なじみがあるよね。大事なのは、ひと言で終わらせないこと。学校の英語の授業で、"How's the weather today?" "Cloudy!"「今日の天気は？」—「曇りです」と先生と生徒たちが一問一答をしているのを見かけるが、これはリアルな会話ではあり得ない。プラスワンこそ、会話の命と肝に命じて。

---

① Do you like cold or hot weather?

- **Cold weather.** 寒いほうがいいです。
  - **Because it makes me alert.** アタマが冴えますから。

- **Hot weather.** 暑いほうがいいです。
  - **I'm miserable when I'm cold.** 寒いと惨めな気分になるので。

② What do you think of today's weather?

- **It's nice.** いいですね。
  - **I can put the laundry out.** 洗濯物が干せますし。

- **It's getting warm.** 暖かくなってきましたね。
  - **The next season is coming.** 季節の変わり目ですね。

③ Did you check the weather forecast today?

- **No.** いいえ。
  - **I almost never check it.** ふだんもほとんどチェックしないんです。

- **Yeah.** ええ。
  - **They said it might rain this afternoon.** 午後は雨かもしれないって言ってましたよ。

④ Do you get cold easily?

- **No.** いいえ。
  - **If I'm cold, I just wear warm clothes.** 寒ければ暖かい格好をすればいいだけですけど。

- **Yeah.** ええ。
  - **The winters are tough for me.** 冬はつらいですね。

Unit 3

天気
Weather

Round 3 まず ひとこと そして 補足 さらに はずみ　CD2 15

コーチからのアドバイス
日本語の熟語は、連続文でかみくだくこと。

よく「英語上達には英語で考えよ」と言うが、言いたいことは母語で整理したほうがいい。大切なのは母語を英語にどう変換するか。誤りやすいワナは日本語の熟語をそのまま英単語や熟語に置き換えようとすること。例えば❷の「洗濯日和」。これに相当する英単語を探しても無駄。そうでなく、連続した文章で表現することがコツ。

Hot weather makes me lethargic.
暑いとダラダラしてしまうんですよ。

How about you?
あなたは？

> alert は「頭が冴える、注意力がある」の意。反対語は lethargic か sleepy。
> では1〜4の4つのノック、3Hで1分以内に答えられるようチャレンジしてみよう！

It dries quickly in the sunshine.
お天気だと乾きが早いですから。

How do you like today's weather?
あなたも好きですか？

> 「今日は洗濯日和です」は、この例文のように言うことができる。「季節の変わり目」も、名詞で言い換えようとばかりしないで、文で言えばこんなに簡単に。

How about you?
あなたは？

I hope not.
降らなきゃいいんですけど。

> They said... の They は「みんなは、世間は」の意味。I hope not. は「そうならないといいのですが」。前の文を受けて「そう（ならないと）」と言っている。

In hot weather, there's nothing you can do.
暑いとどうしようもありませんからね。

How about you?
あなたは？

> There's nothing you can do. は「仕方ない、なすすべがない」の意。There's nothing you can do in hot weather. とも言える。

Round 2 まず 🥎 そして 🖐

5. What's spring like where you live now?

🥎 **Lovely.**
素敵ですよ。

🖐 **The temperature is just right.**
気温もちょうどいいし。

🥎 **Rainy and cold.**
雨が多くて寒いんです。

🖐 **Some days are nice though.**
気持ちのいい日もありますけど。

6. What's summer like where you live now?

🥎 **Uncomfortable.**
過ごしにくいです。

🖐 **The worst thing is the humidity.**
いちばんイヤなのが湿気です。

🥎 **Not too bad.**
そんなにひどくはないです。

🖐 **It's a great season for water sports.**
マリンスポーツには最高ですね。

7. What's fall like?

🥎 **Very pleasant.**
とても気持ちがいいですよ。

🖐 **The humid summer days are gone.**
湿気の多い夏が終わって。

🥎 **Beautiful.**
きれいですよ。

🖐 **I love it when the leaves change colors.**
紅葉の時期が大好きです。

8. What's winter like?

🥎 **Cold.**
寒いですね。

🖐 **But there's not a lot of snow.**
雪はあまり降らないんです。

🥎 **Depressing.**
どんよりしてます。

🖐 **It gets dark early.**
暗くなるのが早いですしね。

9. What temperature do you set your A/C on in summer?

🥎 **Well...**
そうですね……。

🖐 **I try not to use A/C.**
エアコンは使わないようにしてるんですよ。

🥎 **As cold as possible.**
思いっきり低くしてます。

🖐 **My wife likes the opposite though.**
妻は逆なんですが。

10. When's the best time of the year to visit Japan?

🥎 **Fall.**
秋ですね。

🖐 **The seasonal foods are terrific.**
旬の食べものが最高なんです。

🥎 **Anytime.**
どの季節もいいです。

🖐 **Each season has its own traditions.**
四季折々の風物詩があるんです。

Unit 3
天気 / Weather

Round 3 まず ひとこと そして 補足 さらに はずみ

The best thing is the cherry blossoms though.
いちばんいいのはサクラですけどね。

How about where you live?
あなたのお住まいのあたりではいかがですか？

> 文末にthoughをつけると、それまで言ったことを受けて「〜だけどね」の意味を添える。会話でよく使われる。2番目の例の聞き返しはHow about you?でも通じるが、例のほうがベター。

How about where you live?
あなたのところは？

I love the ocean.
私は海が大好きなんです。

> 「いちばんイヤなのは〜」はThe worst thing is....。逆に「いちばんいいのは〜」はThe best thing is....。5の例のように補足説明するときに便利なフレーズ。

Fall's refreshing, isn't it?
秋は爽やかですよね。

Don't you love the scenery in fall?
秋の風景ってよくないですか？

> refreshingは「爽やか」。[I love it when S + V.]は「S+Vするときが大好きです」という言い方。補足説明や会話にはずみをつけるときに便利。

How about where you live?
あなたのところは？

Everyone has a harsh look on their face.
みんな、表情がこわばっているんです。

> a lot ofはmanyやmuchと異なり可算名詞・不可算名詞どちらにも使えて便利。harshは「きびしい」の意。

A/C all the time isn't good for you, right?
ずっとエアコンをつけていると身体によくないですよね。

We always argue about it.
いつもそのことでケンカになります。

> I try not to...は「〜しないようにしている」の意。argue about...は「〜についてケンカする」。fight about...と同義。

And the weather's so nice.
それに気候もとてもいいですよ。

When's the best time to visit your country?
あなたの国へ行くにはいつがいちばんいいですか？

> このノックは異文化の人からはよく尋ねられるもののひとつ。自分なりの答えを用意しておこう。
> さて、このユニット10問ともちゃんと自分なりの3Hで受け答えできた？

Unit 4

自分の仕事
Career

コーチからのアドバイス　あいさつに続いて、かならず話題になるトピック――「仕事」

これも世界共通の話題。特にあいさつノックのあと、このトピックが話題になることが、実際とても多い。あなたが学生でも主婦でも、きちんと答えられるようにしておこう。過去の職歴でもバイトの経験でも、話すことは絶対にあるはず。ほかのユニットは80%できていればOKだけど、このトピックは100%を達成してから次に進もう。特に❶、❷、❻はしっかりマスター。

Round 1　まず ひとこと　CD2 17

① What do you do?
お仕事は何をされてますか？

I'm an accountant.
会計士です。
I'm a stay-home-mother (father).
専業主婦（主夫）なんです。

> 相手の仕事を尋ねたいときには、What's your job? よりこのノックが適切。答え方は、[I'm a ＋ 職業名.]あるいは [I work for ＋ 会社名.] で。

② How long have you been doing that?
今の仕事を始めてどのくらいですか？

About seven years.
7年くらいです。
Too long.
そろそろ潮時です。

> 働いている期間を尋ねられているから、そのまま数字で言えばいい。概算のときは、頭にAboutをつけて。例文のToo long.はジョーク。

③ Do you like what you do?
今の仕事は気に入っていますか？

Yeah.
はい。
Well...
そうですね……

> このノックには、まず[Yes / No スケール]で答えよう。少し立ち入った話題だが、相手が自分に興味を持ってくれている証拠。

④ Why did you decide to do that job?
どうしてその仕事に決めたんですか？

For the money, to tell you the truth.
お金のためです、正直なところ。
Because I like it.
この仕事が好きなんです。

> Why...? のノックには理由や目的を答えよう。例文のBecauseは省いてもOK。成り行きを話す。

172

Unit 4
自分の仕事
Career

(5) Have you been busy recently?
最近は忙しいですか？

- **Not really.**
  それほどでは。
- **Yeah.**
  はい。

> Have you...? のノックなので、答え方は [Yes / No スケール]で。「すごく忙しいです！」と言いたいときは、Yes! ときっぱりと。

(6) What jobs have you done in the past?
前にどんな仕事をしたことがありますか？

- **Just part-time jobs.**
  バイトだけです。
- **I worked in a different section.**
  前は別の部署にいました。

> 会社名まで答えなくていい。I worked for a car (oil, media) company.「車メーカー（石油会社、マスコミ）に勤めていました」のように。

(7) What was your first part-time job?
はじめてのアルバイトの仕事は何でしたか？

- **I worked at a restaurant.**
  まず飲食店で働きました。
- **I taught math.**
  数学を教えました。

> part-time job は「アルバイト」のこと。「バイトしたことありません」なら I've never had a part-time job. と言う。

(8) Are you satisfied with your income?
お給料には満足してますか？

- **Well...**
  そうですね……
- **Not really.**
  あんまり。

> ちょっとプライベートなノックだけど、話の流れがあれば OK。How much is your income? と聞くよりはソフト。

(9) What did you want to be when you were a child?
子どもの頃は何になりたいと思ってましたか？

- **Probably a truck driver.**
  たぶんトラックの運転手。
- **An artist.**
  画家です。

> Probably...は「たぶん〜」。はっきり覚えてなくても、この言葉を使って言おう。Maybe...より使用範囲が広い。

(10) What's your ideal job?
理想の仕事は何ですか？

- **A rock star.**
  ロックスターです。
- **My job now with better pay.**
  今の仕事でお給料がよければ。

> 基本の答え方は [A＋仕事の名前.]「今の仕事でもっとオフの時間があれば」なら My job now with more time off.。

Round 2 まず ひとこと そして 補足

コーチからのアドバイス: 補足説明は1文と言わず2文、3文とどうぞ。

すでに710本のノックを達成したあなた。もう、この補足ラウンドのコツもつかめてきたのでは？ もし余裕がでてきたら、この補足ラウンドで2文、3文と連続させて答えるように心してみよう。
特に❶〜❹は連続ノックされる場合も多い。たたみかけるように補足説明ができるよう練習してみて。

① What do you do?

I'm an accountant.
会計士です。

I work for a computer company.
コンピュータ会社に勤めています。

I'm a stay-home-mother (father).
専業主婦（主夫）なんです。

I have three children.
3人の子どもがいます。

② How long have you been doing that?

About seven years.
7年くらいです。

I used to work for a bank.
前は銀行に勤めていました。

Too long.
そろそろ潮時です。

I want to find a new job.
転職したいんですよ。

③ Do you like what you do?

Yeah.
はい。

The people at work are nice.
会社の人たちはいい人たちですし。

Well...
そうですね……

It's challenging.
まあ、厳しいですね。

④ Why did you decide to do that job?

For the money, to tell you the truth.
お金のためです、正直なところ。

Also I need the job security.
それに安定しているし。

Because I like it.
この仕事が好きなんです。

I thought it's just right for me.
自分にピッタリだと思ったので。

Unit 4
自分の仕事
Career

Round 3 まず ひとこと そして 補足 さらに はずみ　CD2 19

コーチからのアドバイス：10 ノックを 2 分以内に 3H で返せば 15 SPM。

時間制限を設けて 3H の練習をしたほうがグンと上達することは繰り返し各章の中で言ってきたけど、ちゃんとやってる？ 僕のコラム（p.152）の中でも述べたけど、ネイティブの人が 1 分間に話すセンテンス数は 10 〜 20 (SPM)。もし 2 分以内に 10 ノックをちゃんと 3H で返せたらあなたの英語力は 15SPM と対等な証拠。タイマー片手にがんばろう。

How about you?
あなたは？

> このノックへの受け答えの基本は次の 2 文。①[I'm a ＋職業.] ②[I work for...company（社名）]。もし会社名を言うなら Have you ever heard of it? と相手が知っているか確認しよう。

They keep me busy.
いつも忙しくさせられてますよ。

Then I had my first child and quit.
それから最初の子どもができて辞めました。

> I had my first child の had は「産んだ」。「出産する」は give birth to...より have をよく使う。「転職する」は find a new job。

How about you?
あなたは？

And the work environment is wonderful.
それに職場環境はすばらしいです。

> The people at work は「同僚」「職場の人」の意。challenging は、「大変だけどやりがいのある」というポジティブな言葉。

I don't have an easy job.
楽な仕事がないんです。

I want to do something else in the future.
将来は違うことをしたいと思っているんですけど。

> job security は「安定した職」の意味。job stability よりもよく使う。I thought it was the right thing to do. なら「生き甲斐が感じられると思った」の意味になる。

How about you?
あなたはどうですか？

Round 2 まず ひとこと そして 補足

⑤ Have you been busy recently?

- **Not really.**
  それほどでは。
  I'm not as busy as I was before.
  前ほどは忙しくないです。

- **Yeah.**
  はい。
  Next month is the busiest time of the year for me.
  来月は一年でいちばん忙しいんですよ。

⑥ What jobs have you done in the past?

- **Just part-time jobs.**
  バイトだけです。
  This is my first full-time position.
  正社員ではこれがはじめての仕事なんです。

- **I worked in a different section.**
  前は別の部署にいました。
  My old section was marketing.
  営業部だったんです。

⑦ What was your first part-time job?

- **I worked at a restaurant.**
  まず飲食店で働きました。
  My first job was a dishwasher.
  いちばんはじめは皿洗いでしたね。

- **I taught math.**
  数学を教えました。
  I tutored students at their homes.
  家庭教師をしました。

⑧ Are you satisfied with your income?

- **Well...**
  そうですね……
  It goes up and down every month.
  月によって違うので。

- **Not really.**
  あんまり。
  But these are tough times.
  でもこのご時世ですから。

⑨ What did you want to be when you were a child?

- **Probably a truck driver.**
  たぶんトラックの運転手。
  I loved trucks and buses.
  トラックとバスが大好きだったんです。

- **An artist.**
  画家です。
  I loved drawing and painting.
  絵を描くのが大好きだったので。

⑩ What's your ideal job?

- **A rock star.**
  ロックスターです。
  I like singing and writing poetry.
  歌ったり詩を書いたりするのが好きなんです。

- **My job now with better pay.**
  今の仕事でお給料がよければ。
  My pay is a joke.
  すずめの涙のようなお給料なので。

Unit 4
自分の仕事
Career

How about you?
あなたは？

So I'm busy preparing.
それで今その準備で大変なんです。

> 補足やはずみのラウンドでは、いつ、どういうことで忙しくしているのか明確に言うこと。[I'm busy + 動詞のing 型.]は、「〜で忙しくしている」。

How about you?
あなたは？

Before that, I worked in administration.
その前は総務にいました。

> full-time position の position はひとつの「職」のことを指す。job と言い換えてもOK。My old section の old は「前の」。

After that, I did tele-marketing.
そのあとはテレアポの仕事をしました。

How about you?
あなたは？

> After that, ... And then ...「その後〜しました。それから〜しました」は連続文章を作るうえで便利な言い回し。簡単なようだけど、さっと言えるように自分で英文を作ってみて。

I wish I had more steady income.
もっと安定した収入があればいいんですけど。

I'm lucky to have a steady job.
定職があってよかったと思っています。

> I'm lucky to have...は「私は〜があって恵まれている」という感謝の気持ちを含んだ表現。go up and down は「変動する」。

How about you?
あなたは？

Now I just want to be rich.
今じゃあ、お金持ちになれればそれでいいと思っていますけど。

> 2番目の例文はジョーク。Now I just want to be rich. はジョークらしく言わなければ、ただ金儲けが命な人だと思われる！

And I wanted to be rich and famous.
リッチで有名にもなりたいですね。

How about you?
あなたは？

> My pay is a joke. の a joke は「お話にならないもの」。例えば、My university is a joke. とか English education in Japan is a joke. のように使う。冗談はさておき、1〜10は3Hで言えた？

Unit 5

毎日の生活
Your Daily Life

コーチからのアドバイス　今日あったことを振り返る「オーラル日記」で実力アップ。

重要度が高いトピックなので、100％達成をねらって取り組もう。ノックは、①自分の習慣、②最近あったこと、この２種類に大別される。だが、どちらも、日頃から言い慣れておけば簡単。文中の usually を today に代えて、What did you... today? と毎晩寝る前に「今日あったこと」を自問自答するオーラル日記を習慣にしておくといい。今夜から実行しよう。

Round 1　まず　ひとこと　CD2 20

1. What do you do in your free time?
暇なときは何をしてます？

- **I relax and sleep.**
  リラックスしたり眠ったり。
- **I watch TV and read comics.**
  テレビを見たり漫画を読んだりします。

> 相手に趣味を尋ねたいとき、What's your hobby? はあまり使わない。このノックが一般的。答え方は、[I + V.]で。

2. What time do you usually get home?
いつも何時頃に家に帰りますか？

- **About 7.**
  7時頃ですね。
- **Whenever I feel like it.**
  気分次第ですね。

> 「夕食時までには帰るようにしています」なら、I try to get home by dinner time.。もちろん、It depends.「その時によりますね」と答えても OK。

3. What time do you usually get up?
いつも何時頃に起きていますか？

- **Around 6.**
  6時頃です。
- **7 or 8 on weekdays.**
  ふだんは7時か8時です。

> 厳密に答える必要はないから、「だいたい何時」Around... と言えばOK。

4. Tell me about your morning routine.
朝の日課を教えてください。

- **I get up around 7.**
  7時頃に起きます。
- **I get my children ready.**
  子どもの支度をします。

> morning routine は「朝、決まってすること」の意。たとえば、起床して朝食の準備をして子どもを保育園に送る……などなど。

Unit 5
毎日の生活
Your Daily Life

5. How is your day going so far?
今日はこれまでどんな日でしたか？

Great.
おかげさまで。
Same as always.
いつもどおりですね。

> How...? には基本的に形容詞で答えること。「まあまあ」なら Not bad.、「あんまりよくない」なら So-so.。これには、否定的なニュアンスがある。

6. Are you usually late or on time?
よく遅刻しますか？　それともたいてい時間は守りますか？

On time.
時間は守ります。
A little late.
少し遅れます。

> 「時間を守るようにしています」なら、I try to be on time.。a little... は「ちょっと〜」。婉曲的に言いたいときにも便利。

7. How do you get around usually?
出かけるときは何を使いますか？

By train and bus.
電車とバスですね。
By car.
車です。

> 交通手段を尋ねているノック。答え方は、[By + 交通手段.] で。get around の元々の意味は「移動する」。

8. Do you have any plans for tonight?
今晩は何か予定あります？

Well...
そうですね。
Yeah.
ええ。

> あなたを今晩誘いたいときだけでなく、単にあなたの予定を聞きたいときに打たれるノック。答え方はまず [Yes / No スケール] でひと言。

9. What do you do on the weekends?
週末は何をしてますか？

I just relax.
リラックスするだけです。
I go fishing a lot.
よく釣りに行くんですよ。

> 情報を求めるノックには [S + V.] で。「子どもたちと遊びます」なら I play with my children.、「公園を散歩します」は I take a walk in the park.。

10. Have you done anything exciting recently?
最近何か楽しいことやりました？

Yes!
そう！
Not really.
これといって特に。

> さっと答えられない話題こそ、この『1000本ノック』で自分の考えをまとめて言う練習が大事。それが会話では大きな力になる。がんばろう！

Round 2 まず ひとこと そして 補足 CD2-21

コーチからのアドバイス
コミュニケーションでは、とにかく「量」が決め手。

話す練習をすれば英会話はかならずうまくなる。話す練習で必要なのは、とにかく「量」。たくさん話せば話しただけ、上手になる。実際のコミュニケーションでも「量」がカギ。話す量が多ければそれだけメッセージは伝わりやすくなる。「たくさん話すのはどうも……」とビビらないで、例文みたいな短い簡単な文を連ねよう。がんばって！

---

(1) What do you do in your free time?

- **I relax and sleep.** — **My everyday life is so stressful.**
  リラックスしたり眠ったり。 ストレスの多い毎日なので。

- **I watch TV and read comics.** — **I'm a huge fan of Japanese TV dramas.**
  テレビを見たり漫画を読んだりします。 日本のテレビドラマおたくなんです。

(2) What time do you usually get home?

- **About 7.** — **Sometimes it's later.**
  7時頃ですね。 もっと遅いときもありますけど。

- **Whenever I feel like it.** — **I'm not good at keeping a set schedule.**
  気分次第ですね。 規則正しい生活は苦手なんです。

(3) What time do you usually get up?

- **Around 6.** — **It's pretty early.**
  6時頃です。 けっこう早いでしょ。

- **7 or 8 on weekdays.** — **I sleep as late as possible on weekends.**
  ふだんは7時か8時です。 週末はいつまでも寝てます。

(4) Tell me about your morning routine.

- **I get up around 7.** — **Then I have coffee and a big breakfast.**
  7時頃に起きます。 コーヒーと朝食をたっぷりとります。

- **I get my children ready.** — **So my mornings are always busy.**
  子どもの支度をします。 朝はいつも忙しいんです。

Unit 5

毎日の生活 Your Daily Life

Round 3　まず ひとこと　そして 補足　さらに はずみ

CD2 22

コーチからのアドバイス　「万歩計」のメーター、ずいぶん上がったね！

1000本ノックも、もうこれで約4分の3を達成。だいぶ3Hで言葉を返すことに慣れてきたでしょ？ コラム (p.38) にも書いたけど、自分で作って言った英文の数は、あなたの言葉の万歩計に刻まれる。ここまでやってきた人はすでに万歩計のメーターは1390以上を記録しているはず。これはざっと英会話スクールの3年分。すごいでしょ？

I love to get massages too.
マッサージしてもらうのも大好きですね。

How about you?
あなたは？

> I'm a huge fan of...は「〜の大々ファンです」。ちなみに僕はフランス映画が大々好きです。I'm a huge fan of French films.。

How about you?
あなたは？

I like being free to decide.
マイペースで時間を決められるのがいいですね。

> [I'm not good at + 動詞のing型.]は、「〜するのが苦手です」の意。

But I like to take my time getting ready.
でも時間に追われて仕度をするのはイヤなんです。

My hobby is sleeping.
趣味は睡眠ですね。

> [take my time + 動詞のing型]は、「〜を余裕をもってする」。Take your time.と言えば、「どうぞ、ごゆっくり」の意。よく使うフレーズ。

Then I brush my teeth, get ready and leave around 8.
そのあと歯を磨いて支度をして8時に出かけます。

How about you?
あなたは？

> 時系列的に何かを描写するときは、例文のようにThen... とか And then, ... のように文を重ねていけばそれでOK！
> さて1〜4の3Hノックはどうだった？

Round 2 まず ひとこと そして 補足

5. How is your day going so far?

Great.
おかげさまで。

I got a lot of things done.
かなり仕事を片付けました。

Same as always.
いつもどおりですね。

Maybe I need some excitement.
何かワクワクするようなことがあったほうがいいのかも。

6. Are you usually late or on time?

On time.
時間は守ります。

If I make people wait, I feel bad.
人を待たせるのがいやなんです。

A little late.
少し遅れます。

If I'm on time, I have to wait.
時間どおりに行くと待たされるし。

7. How do you get around usually?

By train and bus.
電車とバスですね。

I used to get around by bike too.
自転車もよく使ってたんですけど。

By car.
車です。

But the trains are more reliable.
電車のほうが確実ですね。

8. Do you have any plans for tonight?

Well...
そうですね……

I'm busy until 7.
7時まで忙しいんですけど。

Yeah.
ええ。

I have young children.
子どもたちが小さいので。

9. What do you do on the weekends?

I just relax.
リラックスするだけです。

Sometimes I play sports.
たまに運動しますよ。

I go fishing a lot.
よく釣りに行くんですよ。

Unless the weather's bad.
天気が悪くなければね。

10. Have you done anything exciting recently?

Yes!
そう！

I went to see a live comedy show.
お笑いライブを見に行きましたよ。

Not really.
これといって特に。

I'd like to though.
何かやりたいんですけどね。

Unit 5
毎日の生活
Your Daily Life

I'm gonna go home early today.
今日は早く帰ります。

How about you?
あなたは？

> 「帰宅する」は get home か go home。back home とは言わない（back は動詞じゃない）から注意。

How about you?
あなたは？

Don't you hate waiting?
待つのって絶対いやでしょう？

> I feel bad は「申し訳なく思う」ということ。この if の文は仮定法と難しく考えないで。単に「～すると (if...)、～だ」という意味になる。

But it was stolen last month.
でも先月盗まれちゃったんです。

How about you?
あなたは？

> reliable は「信頼できる、確実な」の意。rely on... で「～を信用する、頼る」。補足説明では利用している路線名など固有名詞は避けて。

Would you like to have dinner somewhere?
どこかにディナーに行きましょうか。

So I have to take care of them every night.
だから毎晩子どもの世話です。

> Would you like to...? は「～したいですか」「～はいかがですか」と相手の意向を丁寧に尋ねるフレーズ。Do you want to...? は時に失礼にあたるから注意。

Do you play any sports?
スポーツは何かしていますか？

How about you?
あなたは何をしてるんですか？

> [Unless + S + V.] は、「～ (S + V) しないかぎりは／～しなければ」。言い慣れておくと表現の幅が広がるフレーズ。

It was hilarious!
すごくおかしかった！

Do you have any recommendations?
何かおすすめはありませんか？

> hilarious は「とてもおもしろい、抱腹絶倒の」の意。コメディ映画の寸評などで見たことがある人もいるのでは？

Unit 6 自分の故郷・家
Where You Live

コーチからのアドバイス　固有名詞・赤信号センサーをピピッと働かせよう。

よく知っているはずの自分の故郷や家についてすらすらと言えないことが意外に多い。それは、今まで言ったことがないから。自分の言葉で話す経験を積んでこそ、自在に話せるようになる。このトピックには固有名詞が入ってくるのはある程度やむを得ないかも。でも、言いそうになったら、ピピッと赤信号を自分に出して、誰にでもわかる説明をするよう心がけよう。

Round 1 まず ひとこと　CD2-23

① Do you rent or own your home?
家は賃貸？　それとも自分の家ですか？

- **I own it.** 自分の家です。
- **I rent it.** 賃貸です。

答え方は例文のどちらかで。同類に、Are you renting?「家は借りているのですか」や Are you a home owner?「家はお持ちですか」がある。

② Where do you live now?
今はどちらにお住まいですか？

- **Kita City.** キタ市です。
- **Near Tokyo.** 東京の近くです。

このノックに対しては、地名を言わずにダイレクトに In northern Japan.（北部です）のように言ってもOK。

③ Is that your hometown?
そこで生まれ育ったんですか？

- **No.** いいえ。
- **Yeah.** ええ。

[Yes / No スケール]で答えること。何回も引っ越している人は、答えにちょっと迷うかも。そんなときは、Well... I moved so many times. のように。

④ What's your hometown famous for?
あなたの故郷の名物は何ですか？

- **Well...** そうですね……
- **A Japanese snack called *senbei*.** 「せんべい」って言う日本のお菓子です。

寺社や食べものなど、固有名詞オンパレードの答えにならないよう、気をつけて。相手が名称を聞いてこない限り、固有名詞は避けよう。

Unit 6
自分の故郷・家
Where You Live

(5) What's your house or apartment like?
あなたの家かマンションはどんな感じなんですか？

- **Tiny.**
  狭いです。
- **It's a two-story house in the suburbs.**
  郊外にある2階建ての家です。

> What's...like? のノックには、形容詞一語か文で答えて。tiny は家などに対して使えば「狭い」。narrow は「幅が狭い」の意。家や部屋には使わない。

(6) What's your room like?
部屋はどんな感じなんですか？

- **Messy now.**
  今は散らかってます。
- **Pretty big.**
  けっこう広いです。

> messy は「乱雑に散らかっている」状態を、dirty は「(ホコリや食べかすなどで)汚れている」様子を指す言葉。

(7) Do you like your place?
自分のお家は気に入ってますか？

- **Well...**
  そうですね……
- **Yeah.**
  ええ。

> place は home「家」の意味。「そうかも」と答えたいときは、I guess.。さっと答えて、次ラウンド以降に英語で説明するエネルギーを回そう。

(8) How do you like your neighborhood?
家の近所はどんな感じなんですか？

- **I love it.**
  すごく気に入ってますよ。
- **It's a typical suburban neighborhood.**
  典型的な郊外の住宅街ですね。

> How do you like...? は意見や感想を聞いているノックだったね。答えはまず簡単な文で。自分の気持ちだけでなく、客観的な事実を述べても OK。

(9) If you could live anywhere in Japan, where would you live?
日本だったらどこに住みたいですか？

- **Sakura City.**
  サクラ市です。
- **In the Imperial Palace.**
  皇居ですね。

> 「東京のマンションの最上階に住みたいです」なら、In a penthouse in Tokyo.。2番目の例文はもちろんジョーク。

(10) If you could live anywhere in the world, where would you live?
世界中どこにでも住めるとしたら、どこに住みますか？

- **New York or San Francisco.**
  ニューヨークかサンフランシスコかな。
- **Shanghai.**
  上海ですね。

> 世界的に知られた大都市は固有名詞を出して OK。でもその理由をちゃんと補足してこそ、相手に100%理解してもらえる。

Round 2 まず ひとこと そして 補足

コーチからのアドバイス: 固有名詞を言うときの補足方法をおさらい。

固有名詞を頻発しても相手（特に日本のことをよく知らない人）にとっては、それは単に「音」。コミュニケーションのバリアになるだけ。だから会話では極力固有名詞に頼らないことが基本ルール。でもこのトピックのように故郷の名物や地域のことなど、固有名詞を言う必要がある場合は？　そう、補足すれば大丈夫。❷や❹の例を参考にして。

(1) Do you rent or own your home?

I own it.
自分の家です。

I bought it three years ago.
3年前に買いました。

I rent it.
賃貸です。

I move a lot.
引っ越すことが多いので。

(2) Where do you live now?

Kita City.
キタ市です。

It's just outside Osaka.
大阪からすぐの郊外です。

Near Tokyo.
東京の近くです。

It's a residential area in the suburbs.
郊外の住宅地です。

(3) Is that your hometown?

No.
いいえ。

I was born in southern Japan.
生まれは日本の南部です。

Yeah.
ええ。

I was born and raised there.
生まれも育ちもそこです。

(4) What's your hometown famous for?

Well...
そうですね……

It has a nice temple, lots of greenery and a traditional festival every year.
素敵なお寺があって、緑が多くて、毎年伝統的なお祭りがあります。

A Japanese snack called *senbei*.
「せんべい」って言う日本のお菓子です。

It's a cracker made with rice.
お米でできているクラッカーです。

Unit 6
自分の故郷・家
Where You Live

Round 3 まず ひとこと そして 補足 さらに はずみ　CD2 25

コーチからのアドバイス
相手から来たノックをそのまま返すのも一手。

打たれた球を投げ返すことは、1000本ノックのひとつの重要なポイント。How about you? はこのとき活躍する万能選手だし、What do you think? や How do you like it? も相手に「どう？」と軽く印象を聞くときに便利。もうひとつ、このラウンドで便利なのは、❼のように相手から来たノックをそのまま相手に聞き返すこと。これも100%通じるよ。

How about you?
あなたは？

So it's easier to rent.
だから賃貸のほうがラクなんです。

「3年後に購入予定です」なら I'll buy a home in three years.。「～年後」は in...years。after ではなく in を使う。「3年前」は three years ago。ago を before としないで。

How about you?
あなたは？

It has a lot of greenery.
緑が豊かな所です。

residential area は「住宅街」。「都心のマンションです」なら、It's a condo [apartment] in the city. と言う。greenery は「緑」。この文脈で green は使わない。

Most of my relatives live there.
親戚のほとんどはそっちのほうに住んでいます。

How about you?
あなたは？

I was born and raised in... は「生まれも育ちも～です」の意。僕の場合は I was born in Washinton, D.C. But I was raised in Florida.。

You should visit sometime.
いつか来てみてください。

Tell me about your hometown.
あなたの故郷について教えて。

should... は「～したほうがいい」。よくこの意味で誤用されている You had better... の本当の意味は「～しなければならない」。かなり強制的な言い方だし、会話ではあまり使われない。

Round 2 まず ひとこと そして 補足

(5) What's your house or apartment like?

- **Tiny.**
  狭いです。
  - **But I live in a nice area.**
    でも場所がいいんです。

- **It's a two-story house in the suburbs.**
  郊外にある2階建ての家です。
  - **It's fairly new.**
    けっこう新しい家なんです。

(6) What's your room like?

- **Messy now.**
  今は散らかってます。
  - **But usually it's cleaned up and organized.**
    いつもはちゃんと掃除してきちんと整とんしているんですけど。

- **Pretty big.**
  けっこう広いです。
  - **It has two windows and plenty of closet space.**
    窓がふたつと広いクローゼットが付いてます。

(7) Do you like your place?

- **Well...**
  そうですね……
  - **It's a little old and small.**
    ちょっと古くて狭いんですよね。

- **Yeah.**
  ええ。
  - **It's perfect for me for now.**
    今のところ申し分ないです。

(8) How do you like your neighborhood?

- **I love it.**
  すごく気に入っていますよ。
  - **It has a wonderful park and lots of shops.**
    いい公園もあるしお店もいっぱいあってすごく気に入ってるんです。

- **It's a typical suburban neighborhood.**
  典型的な郊外の住宅街ですね。
  - **It has lots of houses next to each other.**
    たくさん家が並んでて。

(9) If you could live anywhere in Japan, where would you live?

- **Sakura City.**
  サクラ市です。
  - **It's near the ocean.**
    海の近くなんです。

- **In the Imperial Palace.**
  皇居ですね。
  - **It's in the heart of Tokyo.**
    東京の真ん中にありますし。

(10) If you could live anywhere in the world, where would you live?

- **New York or San Francisco.**
  ニューヨークかサンフランシスコかな。
  - **But my husband wants to stay in Japan.**
    夫は日本に居たいんですって。

- **Shanghai.**
  上海ですね。
  - **The climate is quite pleasant.**
    気候もけっこういいし。

Unit 6
自分の故郷・家
Where You Live

Round 3 まず ひとこと そして 補足 さらに はずみ

- **Location is the most important thing.**
  いちばん大事なのは場所ですから。

- **Tell me about your home.**
  あなたのお家は？

  > 「好きですよ、だって〜」と言いたければ、I like it because... に文を続けて。fairly は「けっこう、わりと、なかなか」の意。

- **I don't like clutter.**
  私、散らかってるのってダメなんです。

- **How about your room?**
  あなたの部屋は？

  > organize は「整理する」。clutter は棚の上に散らばっている、きちんと片づけられていないものを指す。closet space は「洋服ダンス」でなく「収納」のこと。

- **If you hear of a nice place, let me know.**
  どこかいい所を知っていたら教えてください。

- **Do you like your place?**
  あなたはどうですか？

  > for now は「今のところ」。Let me know. は「教えて、声かけてね」の意。Teach me. よりも自然な言い方。

- **It's near a major train station too.**
  大きな駅にも近いんです。

- **The stores are concentrated around the station.**
  お店は駅のまわりに密集していて。

  > 「素敵な商店街です」は、It has wonderful shops. のように文で表現する。英語の mall、arcade は日本語の「モール」「アーケード」とは別のものを指す。

- **It has lots of bars and taverns.**
  飲み屋が多いんです。

- **And it has wonderful greenery and architecture.**
  緑も豊かで素敵な建築物もありますし。

  > the heart of... は「〜のど真ん中」。「〜にある」と場所を言いたいとき、ただ、It's in... がいい。It's located in... より自然。

- **Do you think I should go alone?**
  ひとりで行こうかしら。

- **And the cost of living is so cheap.**
  物価もすごく安いんです。

  > go alone は「ひとりで行く」。例文では「夫をおいて（without him）」という意味を含んで、冗談っぽく言っている。cheap は「安っぽい」でなく、単に値段や物価が「安い」こと。

Unit 7

メディア
Media

コーチからのアドバイス: 話せるようになっておきたい共通の話題を見つけるトピック。

新聞・雑誌・テレビ・ラジオ・インターネットなどのメディアとどう接触しているかは、世界共通の話題だ。天気に続いて、相手を選ばないから、自分で話を運べるよう練習しておこう。

大切なのはふたつ。固有名詞に頼らないこと。それから自分が興味ない話をふられても、「私はインターネットしないから」と話を終わらせないで、そこから話を展開していくこと。

Round 1 まず ひとこと

CD2 26

1. Where do you get the news?
ニュースはいつも何で知りますか？

- **The Internet.**
  インターネットです。
- **TV and newspapers.**
  テレビと新聞です。

> あなたの情報ソースを尋ねているノック。「あちこちから」なら Here and there.。
> では1分以内に以下の10問にひと言で答えてみよう。

2. Do you read the newspaper everyday?
新聞は毎日読んでますか？

- **No.**
  いいえ。
- **Almost everyday.**
  ほとんど毎日。

> 「たまに」と答えたいなら Not very often.。almost は常に every、all、never など「100%の言葉」と一緒に組み合わせて使うこと。

3. Which section do you check first?
どのページをまずチェックしますか？

- **The sports section.**
  スポーツ面です。
- **The weather section.**
  天気欄です。

> 「一面です」は The front page.。「テレビ面です」は The TV section.。「国内ニュース」は the National section.。

4. Do you listen to the radio often?
ラジオはよく聞きます？

- **Not really.**
  あまり聞きません。
- **Well...**
  そうですね……

> これは What's Japanese radio like? 「日本のラジオってどんな感じ？」と聞いているのと同じ。まずは[Yes / No スケール]でひと言。

Unit 7

メディア
Media

(5) What kind of magazines do you like?
どんな雑誌が好きですか？

- **News magazines.**
  ニュース雑誌です。
- **Entertainment magazines.**
  娯楽雑誌です。

> entertainment magazines はゴシップ誌から映画雑誌、音楽雑誌などを含めて言う。「経済誌」は一般には business magazines。

(6) What kind of books do you read?
どんな本を読みます？

- **All kinds.**
  なんでも。
- **Mostly non-fiction.**
  ほとんどノンフィクションです。

> 「ほとんどは〜」と言いたいときは、Mostly...。Almost non-fiction. と almost を使うのは間違いだから注意して。正しくは Almost all non-fiction.。

(7) Do you watch movies at home or at the theater?
映画は家で見ます？ それとも映画館に行きますか？

- **At home.**
  家です。
- **Well...**
  そうですね……

> 「劇場で」なら、そのまま At the theater.。I watch them at the theater. とフルセンテンスで言うより自然。

(8) Do you e-mail more on your computer or on your cell phone?
メールは PC と携帯と、主にどっちでします？

- **It's a toss-up.**
  半々です。
- **My computer.**
  PC です。

> A or B? のノックだから、基本はどちらかを。困ったら Well...で。It's a toss-up. は「五分五分です」という意味の決まり文句。

(9) Do you surf the Internet often?
ネットサーフィンはよくしますか？

- **Well...**
  そうですね……
- **Not really.**
  あまりしません。

> このノックには [Yes / No スケール] で。surf は「サーフィンをする」。波を自由に乗り換えるようにチャンネルを行き来できるところから来ている。

(10) Have you ever bought anything on the Internet?
インターネットで何か買ったことはありますか？

- **Yes.**
  ありますよ。
- **No.**
  いいえ。

> このノックと同義で Do you use the Internet for shopping? のように聞かれることも。経験がなくても、日本の一般的な事情とか何か話そう。

Round 2 まず ひとこと そして 補足　CD2 27

コーチからのアドバイス
「前は〜していました」 I used to... と話を展開。

新聞・ラジオ・メール・インターネット・テレビなどなど、メディアについてのノックはいろいろな角度から飛んでくる。でも気構えず、話を自分のラクなほうにもっていこう。ここで役立つのが、I used to... 「以前はよく〜していました」のフレーズ。「今はしてないけど、前はしていましたよ」と自分の経験に話を展開していくことができて便利。

---

① Where do you get the news?

- **The Internet.**
  インターネットです。
  → **I stopped buying newspapers.**
  新聞を買うのはやめました。

- **TV and newspapers.**
  テレビと新聞です。
  → **I watch the news mornings and evenings.**
  朝と夕方はニュースを見ます。

② Do you read the newspaper everyday?

- **No.**
  いいえ。
  → **But I used to read it everyday.**
  でも前は毎日読んでいましたよ。

- **Almost everyday.**
  ほとんど毎日。
  → **But I just check the headlines and ads.**
  でも見出しと広告をさっと見るだけですけど。

③ Which section do you check first?

- **The sports section.**
  スポーツ面です。
  → **Then I check news, weather and TV.**
  それからニュース、天気とテレビ欄をチェックします。

- **The weather section.**
  天気欄です。
  → **It's usually right.**
  たいてい当たってますよ。

④ Do you listen to the radio often?

- **Not really.**
  あまり聞きません。
  → **I listen in the morning sometimes.**
  たまに朝聞きますけど。

- **Well...**
  そうですね……
  → **I used to listen to the news on AM radio.**
  前はAMでニュースを聞いてましたけど。

Unit 7

メディア
Media

Round 3 まず ひとこと そして 補足 さらに はずみ　CD2 28

コーチからのアドバイス

「〜じゃなければね」とちょっと条件を出してみる。

前に言っていたことを受けて、「〜じゃなければね」とこのラウンドで条件を述べるのも、話にオチがついて、いいはずみになる。たとえば、❺のように、「娯楽雑誌が好きです」→「ほとんど毎月読んでます」→「特集がつまらなくなければね」。この「〜じゃなければね」は[Unless + 文（S + V）]で表現。あなたのはずみに、ぜひ使ってみて。

How about you?
あなたは？

And I read the newspaper on the train to work.
新聞は通勤電車の中で読みます。

I don't have time these days.
最近は時間がなくて。

How about you?
あなたは？

I never check the stocks.
株価情報のページはかならずとばします。

How about you?
あなたは？

But I prefer to listen to CDs.
CDを聞くほうが好きです。

And I studied English on the radio once.
それと一度ラジオの英語講座でも勉強しました。

---

❺ [stop + 動詞のing型]は、「〜することをやめる」。「〜を始める」はI started going to a gym.「ジムに通い始めました」のように[start + ...ing]で。

❺ check the headlines は「見出しだけさっと見る」こと。普通に「読む」ときはreadで。adsは「紙面広告」「折り込み広告」の両方を指す。

❺ It's usually right.のrightは「正しい、当たっている」の意。correctとも言える。business sectionは「経済面」、editorial sectionは「社説」。

❺ used to...は「以前はよく〜していた」の意。prefer to...は「〜のほうが好きです」の意。
　さて、1〜4のノックには3Hで答えられた？

(5) What kind of magazines do you like?

News magazines.
ニュース雑誌です。

They're related to my job.
仕事と関係してるから。

Entertainment magazines.
娯楽雑誌です。

I buy them almost every month.
ほとんど毎月読んでます。

(6) What kind of books do you read?

All kinds.
なんでも。

I'm reading a mystery now.
今読んでるのはミステリーです。

Mostly non-fiction.
ほとんどノンフィクションです。

I work in sales.
仕事が営業なので。

(7) Do you watch movies at home or at the theater?

At home.
家です。

I can stop and start DVDs anytime.
DVDだといつでも停止や再生ができるでしょ。

Well...
そうですね……

I like to watch at the theater.
映画館で見るのが好きですけど。

(8) Do you e-mail more on your computer or on your cell phone?

It's a toss-up.
半々です。

My computer is easier.
PCのほうが簡単だけど。

My computer.
PCです。

It takes so long to write on my phone.
携帯でメールを書くのは時間がかかるから。

(9) Do you surf the Internet often?

Well...
そうですね……

I only check a few websites.
2、3のサイトだけですけど。

Not really.
あまりしません。

I used to when I first got Internet service.
インターネットができるようになった頃はよくやってましたけど。

(10) Have you ever bought anything on the Internet?

Yes.
ありますよ。

I buy books, office equipment, food, etc.
本や事務用品、食べものなどを買います。

No.
いいえ。

Before buying something, I like to hold it in my hand.
買う前に実際に手に取ってみたいんです。

Unit 7
メディア
Media

Round 3 まず ひとこと そして 補足 さらに はずみ

- **How about you?**
  あなたは？

- **Unless the feature article looks boring.**
  特集がつまらなくなければ。

  > be related to... は「〜に関係している、〜に関連がある」の意。unless... は文を伴って、「〜しないかぎりは」の意味。

- **How about you?**
  あなたは？

- **So I read books related to sales.**
  営業関連の本を読みます。

  > 話の展開として [I work in + 部署名／業種.] は補足に便利な言い方。accounting「経理」、administration「総務」、manufacturing「製造業」、education「教育（産業）」など。

- **Don't you like fast-forwarding the boring parts?**
  つまらないところは早送りしたくならない？

- **But I only go a few times a year.**
  でも年に数回しか行かないんですよ。

  > fast-forwarding は「早送りする」。単に zap とも言う。例えば、I always zap the commercials.「CM はいつもとばします」。

- **But I always have my cell phone handy.**
  でもいつも手元に携帯を持ってます。

- **How about you?**
  あなたは？

  > handy は「手元に」の意。Do you have ... handy? は「手元に〜がありますか」。ちなみに「携帯電話」は cell phone。handy phone とは言わない。

- **But I check them quite often.**
  でも、けっこうよくチェックしてます。

- **How about you?**
  あなたは？

  > when I first ... は、「最初に〜したときは」の意。補足に便利な言い方。例えば When I first drove a car, I was nervous.「最初に車を運転したときは、どきどきしていた」。

- **It's so convenient, isn't it?**
  本当に便利ですよね？

- **How about you?**
  あなたは？

  > 「〜など」は etc. で。発音は「エッセラ」に近い。
  > さて、このユニットの 10 ノック、自分の言葉で 3H で受け答えられた？

Unit 8

健　康
Health

コーチからのアドバイス

少しプライベートな話題。だからこそ、実力がものを言う。

今、世界のいたるところで健康への関心が高い。だから、この話題も日常的に交わされる頻度が増えてきた。でも、質問によっては、他人のプライバシーを侵害する場合も。例えば「何か薬飲んでいますか」の意味で Do you take any medicine? と聞いてはだめ。ここに厳選している10のノックはその点問題ないが、話の流れは大切にしたい。3Hでしっかり話を運ぼう。

Round 1　まず　ひとこと

CD 2　29

1　How's your health?
健康のほうは？

Excellent.
きわめて良好です。
Good.
健康にしてますよ。

> このノックは How are you (doing)? などのあいさつノックとは明らかに違って、本当に健康状態を尋ねている。あいさつノックには Good, and you? がベスト。

2　Do you take vitamins?
ビタミン剤は飲んでる？

No.
いいえ。
Well...
ええと……

> この take は薬などを「飲む、服用する」。薬には drink や eat は使わない。

3　Do you have any exercise equipment at home?
家にエクササイズ器具とかはありますか？

No.
いいえ。
Yes!
ありますよ。

> exercise equipment は例えばルームランナーとか、バイクとか、腹筋マシンのようなもののこと。

4　What do you do to relax?
リラックスには何をしてますか？

I watch movies or TV.
映画やテレビを見ます。
I have a drink.
一杯飲みます。

> What do you do in your free time?「暇なときは何をして過ごしますか」と似たようなノック。have a drink は普通「お酒を飲む」ことを指す。

Unit 8

健 康
Health

(5) Have you ever gone on a diet?
ダイエットしたことはありますか？

- **No.**
  いいえ。
- **Yeah.**
  ええ。

> (S) Have you...? のノックなので、まずはテキパキと「Yes / No スケール」で。最初から「三日坊主ですけど」のようなことは言おうとしないほうがいい。

(6) Have you been sick recently?
最近病気にかかりましたか？

- **No.**
  いいえ。
- **Well...**
  そうですね……

> (S) ノックの意図は「元気にしてた？」。How have you been?、「風邪引いてない？」Have you had a cold? ということ。

(7) Do you smoke?
タバコは吸いますか？

- **I tried it in college.**
  大学でちょっと吸ったりしました。
- **No way!**
  まさか！

> (S) 最初の例文のようにYes. やNo.を省いてダイレクトに文で答えてもいい。tryは「やってみる、試す」。

(8) Do you drink often?
お酒はよく飲みますか？

- **Not really.**
  あんまり飲みません。
- **Yeah.**
  はい。

> (S) Do you drink?は、「お酒を飲みますか」の意。oftenといっても頻度を聞かれてるわけではないから直観的に答えよう。

(9) Have you had a check-up this year?
今年健康診断は受けました？

- **Yeah.**
  ええ。
- **No.**
  いいえ。

> (S) 「健康診断を受ける」はhave / get a check-up。「健診」はphysical examとも。

(10) What do you recommend to stay healthy?
健康維持には何がいいですかね？

- **Eat in moderation and exercise regularly.**
  食べ過ぎないで適度な運動をすることですね。
- **Be happy and never worry.**
  楽しい気分で何事にもくよくよしないこと。

> (S) eat in moderationは「適度に食べる」。つまり、「食べ過ぎない」ということ。eat balanced mealsは「バランスよく食べる」。

Round 2 まず ひとこと そして 補足

コーチからのアドバイス
Big → Small ストラテジーで気軽に話そう。

Yeah.か No.か Good.かなどとひと言で答えにくい質問も実際は多いよね。そこで Big → Small ストラテジー。まず「大まかに(Big に)」Yeah./No./Good.などと答えて、この補足ラウンドで But...と「細かく(Small に)」答えよう。例えば、❶❺❼を参考にして。最初のひと言に慎重になりすぎて言葉に詰まるのを防げるし、気楽に話せるようになるよ。

① How's your health?

Excellent.
きわめて良好です。

But sometimes my back hurts.
でもたまに背中が痛いんですよ。

Good.
健康にしてますよ。

But I get tired more easily than before.
前より疲れやすくなりましたけどね。

② Do you take vitamins?

No.
いいえ。

I get vitamins by eating balanced meals.
ビタミンはバランスのいい食事からとってるから。

Well...
ええと……

I take some to improve my memory.
記憶力アップのために飲んでいます。

③ Do you have any exercise equipment at home?

No.
いいえ。

I don't have any space.
置く場所がないし。

Yes!
ありますよ。

I always buy them from TV ads.
ついテレビショッピングで買っちゃうんです。

④ What do you do to relax?

I watch movies or TV.
映画やテレビを見ます。

I get a massage sometimes.
ときどきマッサージをしてもらいます。

I have a drink.
一杯飲みます。

I like a nice scotch with some jazz.
いいスコッチとジャズで。

Unit 8

健康 Health

Round 3 まず ひとこと そして 補足 さらに はずみ CD2 31

コーチからのアドバイス
あなたの英会話コーチも 3H してみます！[その1]

まず、❶健康のほうは？→ Good. I need to lose some weight though. My stomach is huge these days!（健康だよ。でも減量しないとね。最近お腹が出てきてるから）。次は❸エクササイズマシンは持ってる？→ Yes! I have all the trendy ones. I got them from TV or recycle shops.（持ってるよ！流行の物は全部。テレビショッピングや中古店で買ったよ）

How about you?
そちらは？

I'm getting old.
年取ってきたみたい。

> [My 身体の部分 + hurts.]で「〜が痛い」。決して、My back is pain.のようには言わないので注意。That hurts!は「痛い！」。
> さあ、この１〜４のノックを3Hで１分以内に言ってみて。

How about you?
あなたは？

But I don't know if they work.
でも効いているんだかわかりません。

> I don't know if they work. のworkは「ちゃんと効く」の意。壊れているものについても、It doesn't work.「使えない」と言える。

And I like to exercise outdoors.
それにアウトドアスポーツが好きなので。

But I never use them.
でも全然使ってないです。

> ２番目の例文のI never use them. は、要するに「宝の持ち腐れ」ということ。連続した文を作ってはじめてこういうことが言える。連続文こそ世界の人に通じる英語のコツだ。

And I go for long walks.
あとは長い散歩をします。

How about you?
あなたは？

> some jazz のsomeは冠詞みたいなものと考えよう。「いくらかの」というような程度を表しているわけではない。

Round 2 まず ひとこと そして 補足

5. Have you ever gone on a diet?

- **No.**
  いいえ。
  - **I always watch what I eat.**
    いつも食べものには気をつけているので。

- **Yeah.**
  ええ。
  - **But it only lasts about three days.**
    でも三日坊主なんですよ。

6. Have you been sick recently?

- **No.**
  ありません。
  - **Everyone around me has a cold though.**
    まわりではみんな風邪を引いているけど。

- **Well...**
  そうですね……
  - **I had a cold last month.**
    先月風邪を引いたけど。

7. Do you smoke?

- **I tried it in college.**
  大学でちょっと吸ったりしました。
  - **But I hate it now.**
    今はイヤになってしまいました。

- **No way!**
  まさか！
  - **Recent surveys say only 30% of Japanese smoke.**
    最近の調べだと、日本人の30％しか吸ってないらしいですよ。

8. Do you drink often?

- **Not really.**
  あんまり飲みません。
  - **I drink with meals sometimes.**
    たまに食事のときに飲みますけど。

- **Yeah.**
  はい。
  - **I have a beer after my bath every night.**
    風呂上りのビールを1杯。

9. Have you had a check-up this year?

- **Yeah.**
  ええ。
  - **I get a check-up every May.**
    毎年5月に受けてるんです。

- **No.**
  いいえ。
  - **I was supposed to.**
    受けなきゃいけないんですけど。

10. What do you recommend to stay healthy?

- **Eat in moderation and exercise regularly.**
  食べ過ぎないで適度な運動をすることですね。
  - **It's obvious, but few do it.**
    わかりきったことだけど難しいですよね。

- **Be happy and never worry.**
  楽しい気分で何事にもくよくよしないこと。
  - **Lots of health issues are exaggerated by the media.**
    メディアで健康についていろいろなことが大げさに取り沙汰されているから。

Unit 8
健康 Health

But exercise is more important, isn't it?
でも運動のほうが大事ですよね？

watch は体重や食べものなどを「気をつける、管理する」こと。そして「三日坊主」はただ、「3日間しか続かない」と例文のように[S + V]の文で表現。

How about you?
あなたは？

How about you?
あなたは？

自分を気遣ってくれているノックだから、答えが No. の場合、特に聞き返しは不可欠。
[I've been...since + 時.]は、「いついつからずっと～だ」の意味。

But I've been healthy since then.
でもそれ以降は元気にしてます。

How about you?
吸われます？

Less and less people... は「～する人がどんどん減っている」。反対は More and more people... で表す。ちなみに僕はストリートから煙草の煙をなくそうと運動しています。

Less and less people smoke these days.
最近はどんどん喫煙者が減ってきているみたいですね。

But I don't drink very often.
でもしょっちゅうは飲みませんね。

「大酒飲みです」なら、I'm a heavy drinker.。「僕はあまり飲まないほう」は、I don't drink very often.。

How about you?
あなたは？

How about you?
あなたは？

I was supposed to. は、「その予定だったけど」。avoid は「避ける、さぼる」。escape とは言わない。

But I've avoided it for a long time.
でもずっとさぼりっぱなしなんです。

What do you think?
あなたはどう思いますか？

It's obvious. は「それは見るからに明らかだ」ということ。Few do it. は「行うは難し」の意味にも。
さて、このユニット10のノックを3Hで言ってみた？ Great!

So we always buy more and more.
だからどんどん消費に走っちゃうんですよね。

Unit 9 自然・環境
Nature & the Environment

コーチからのアドバイス: 環境問題といっても、構えずに、身近なことから話そう。

天気と同じように、環境や自然（破壊）問題は世界共通の関心事。日本も環境問題に敏感な人が多いが、「地球温暖化（Global Warming）」とか大仰に構えて話を運ぼうとすると、やはりネタ切れになってしまいがち。このユニットでは、環境・自然について身近な視点から厳選したノックを打つので、しっかり、自分の意見をまとめて言えるよう練習しよう。

Round 1 まず ひとこと
CD 2 / 32

1) Do you recycle?
リサイクルはしていますか？

- **Yeah.**
  はい。
- **Well...**
  ええと……

> Do you recycle? は単にリサイクルだけでなく、ゴミを分別していますか、不要品のリユースをしていますか、といった広い意味で使われる。

2) Is the air clean where you live now?
今住んでる所は空気がきれいですか？

- **Yeah.**
  ええ。
- **Not really.**
  あんまり。

> これは、ネガティブな言葉で言い換えれば、Is there a lot of smog in your city?「あなたの街では、空気汚染がありますか」。

3) Is the water clean where you live now?
今住んでいる所の水はきれいですか？

- **Yeah.**
  ええ。
- **Well...**
  そうですね……

> 環境に興味がなくても、こんな少し突っ込んだトピックで話が運べるよう、このノックで自分のネタ作りをしておこう。

4) Is pollution in Japan decreasing or increasing?
日本の公害は減ってますか、それとも増えていますか？

- **Maybe it's decreasing.**
  もしかして減ってるかなあ。
- **People fight pollution.**
  みんな公害をなくそうとがんばってます。

> A or B? のノックだから、AかBかどちらかで答える。不確かなときは文頭にMaybeをつけて。でも、maybeをあまり連発しすぎないように。

Unit 9

自然・環境
Nature & the Environment

(5) Do you do anything special for the environment?
環境保護に何かやっていますか？

- **Yeah.**
  はい。
- **I reuse.**
  再利用しています。

> 答え方は[Yes / No スケール]で。2番目の例文のように、ダイレクトにI reuse.と言ってもいい。reuseは不要品の二次使用のこと。

(6) Have you ever experienced a strong typhoon?
大きな台風にあったこと、ありますか？

- **Yeah.**
  ええ。
- **Well...**
  そうですね……

> typhoonとhurricaneとcycloneは基本的に同じもの。発生地によってこう呼び方が変わる。「竜巻き」はtornado。

(7) Have you ever experienced a big earthquake?
大きな地震にあったこと、ありますか？

- **Yes.**
  はい。
- **Not really.**
  あんまりないですね。

> Have you...?のノックには[Yes / No スケール]で。答えに迷ったらWell...で。

(8) Do you have a lot of trees in your neighborhood?
近所に木はたくさんありますか？

- **Yes.**
  たくさんあります。
- **Yeah.**
  ええ。

> このノックは「あなたのご近所は自然が豊かですか」の意味。「緑が多いですか」はDo you have green?とは言わない。

(9) Do you spend much time outdoors?
アウトドア派ですか？

- **Yeah.**
  ええ。
- **Well...**
  そうですね……

> Do you...?だから、まず[Yes / No スケール]でひと言答えよう。spendは「過ごす、費やす」、timeやmoneyとともによく言う。

(10) What's your biggest environmental concern?
環境問題ではいちばん気にかかることは何ですか？

- **Global warming.**
  地球温暖化です。
- **Poverty.**
  貧困問題です。

> 「大気汚染」はair pollution、「水質汚染」はwater pollution。「ゴミ処理問題」はgarbage dumps。

Round 2 まず ひとこと そして 補足

コーチからのアドバイス: For example, ... で例を挙げれば、よく伝わる。

ひと言に続いて For example,... と例を挙げるのも、いい補足の方法だ。例えば ❺。「環境にいいこと何かやってる？」と聞かれて、I reuse.「再利用しています」と答えたあとは、補足ラウンドで「例えばできるだけ中古品を買う」と例を挙げて説明。これで reuse にピンと来ない人にも真意が伝わるね。シンプルだけど強力な補足方法のひとつ。

① Do you recycle?

Yeah.
はい。
We have to separate our trash in Japan.
日本では、ゴミを分別しなきゃいけないんです。

Well...
ええと……
I never waste anything.
絶対に何もムダにしません。

② Is the air clean where you live now?

Yeah.
ええ。
It's not as clean as in the mountains though.
山の辺りほどきれいとは言えませんけど。

Not really.
あんまり。
I live near a major road.
大通りのそばに住んでいます。

③ Is the water clean where you live now?

Yeah.
ええ。
But I drink mineral water instead of tap water.
でも水道水でなくミネラルウォーターを飲んでいます。

Well...
そうですね……
I think it's clean.
きれいだと思うんですけど。

④ Is pollution in Japan decreasing or increasing?

Maybe it's decreasing.
もしかして減ってるかなあ。
Because Japan relocated most factories abroad.
ほとんどの工場は海外へ移転してしまいましたから。

People fight pollution.
みんな公害をなくそうとがんばってます。
But it's a drop in the bucket.
焼け石に水なんです。

Unit 9

自然・環境
Nature & the Environment

Round 3 — まず ひとこと / そして 補足 / さらに はずみ CD2 34

コーチからのアドバイス：あなたの英会話コーチも 3H してみます！［その 2］

僕もあなたのコーチとして、一緒にノックをやってみるね。⑨アウトドア派？→ Yes. I love riding my bike along the riversides in Tokyo. Have you ever walked along a riverside in Tokyo?「そう！ 東京の川沿いを自転車で走るのが大好き。東京の川沿い、散歩したことある？」。どう？ ひと言に簡単な言葉で補足して聞き返すだけ。参考にね。

How about you?
あなたはリサイクルしてます？

But I don't do anything else in particular.
ほかは特に何もやってませんね。

> We have to... の主語は「私たち世間一般は」の意味。You have to... と言うよりソフト。have to... は「〜しなければならない」。must はこの意味では使わない。

How about you?
あなたの住んでる所は？

So the air and noise pollution is terrible.
空気の汚染と騒音がひどいんです。

> 固有名詞を使って「国道246号のそばに」のように詳細に言ってもあまり意味がない。例のように a major road「大通り」のそばに住んでいる、と言うほうが話が通じやすい。

I use tap water for cooking and ice.
水道水はお料理と氷用です。

But I'd like a test and some proof that it's clean.
でも本当は検査してきれいだということを確かめておきたいんです。

> tap water は「水道水」のこと。tap は「蛇口」。自分の言うことにやや確信が持てないときは、文頭に I think をつけて、I think it's clean. のように。

What do you think?
どう思います？

Because the amount of garbage and construction increases every year.
だってゴミや工事の数は毎年増えるばかりですから。

> 相手から来たノックが Do you think...?「〜だと思いますか」なので、聞き返しも What do you think? で。「数が増える」の意の increase は go up とも。

Round 2

5. Do you do anything special for the environment?

- **Yeah.** はい。
  - **I do a lot of things.** いろいろやってますけど。
- **I reuse.** 再利用しています。
  - **For example, I buy used things as often as possible.** 例えば、できるだけ中古の物を買ったり。

6. Have you ever experienced a strong typhoon?

- **Yeah.** ええ。
  - **When I was in elementary school.** 小学校のときに。
- **Well...** そうですね……
  - **I get nervous about them.** 不安ですけど。

7. Have you ever experienced a big earthquake?

- **Yes.** はい。
  - **It was the scariest moment of my life.** あれが人生でいちばん怖い思いをした瞬間でした。
- **Not really.** あんまりないですね。
  - **But I'm nervous about the next big one.** でも将来の大地震が不安ですね。

8. Do you have a lot of trees in your neighborhood?

- **Yes.** たくさんあります。
  - **Greenery is the best thing about my neighborhood.** 緑が多いことがうちの近所のいちばんの自慢なんです。
- **Yeah.** ええ。
  - **But it's mostly buildings.** でもまわりはほとんどビルですよ。

9. Do you spend much time outdoors?

- **Yeah.** ええ。
  - **I ride my bike as often as possible.** できるだけ自転車に乗るようにしてます。
- **Well...** そうですね……
  - **I used to go camping.** 前はよくキャンプに行ってたんですけどねえ。

10. What's your biggest environmental concern?

- **Global warming.** 地球温暖化です。
  - **Cars and idling are one cause.** 車やアイドリング運転も原因のひとつだし。
- **Poverty.** 貧困問題です。
  - **Poor nations often destroy their environment to survive.** 貧しい国では、生き残りのために環境が破壊されていることがよくあります。

Unit 9
自然・環境
Nature & the Environment

But I wonder if it makes a difference.
でも効果はあるんでしょうかねえ。

> I wonder if...は、「～かなぁ」というニュアンス。こう言いたい場面は日常けっこう多い。しっかり言えるようにしておこう。

And I never waste paper.
あと、紙は無駄にしません。

How about you?
あなたは？

> Yeah. に続けて、「私が～だったとき」When I was...はシンプルだけどわかりやすい補足のパターン。get nervous about...は「～が不安になる」。worry about...と同義。

But I've never experienced a direct hit.
でも直撃されたことはまだ一度もないんです。

Luckily no one was hurt.
怪我人がなくラッキーでした。

> Luckily...に文を続けて、「よかったのは～でした」の意。I'm nervous about...は「～が不安で落ち着かない」ということ。

Are you nervous about that too?
あなたも不安ですか？

How about your neighborhood?
あなたのご近所は？

> That's the best thing about...は、「それが～でいちばんいいところなんです」の意。about の次には、例えば my job、my life、Japan、my wife など。

Tell me about your neighborhood.
あなたのお住まいのあたりはいかがですか。

How about you?
あなたは？

> go camping は「キャンプに行く」。go club-hopping は「ナイトクラビングをする」。go bar-hopping は「飲み屋のハシゴをする」。

But I haven't gone in a long time.
長いこと行ってないですね。

And in big cities the amount of concrete is unbelievable.
それに大都市のコンクリートの量といったらとんでもないですね。

> fight...は「～と格闘する」。例文のようにはっきりと意見を言うことも会話をはずませる。
> さて、このユニットの10番のノックは3Hで言えた？ 次はCDにチャレンジして。

We need to fight poverty to save the environment.
環境保護のためには貧困問題をどうにかしていかないと。

Unit 10
日本について
About Japan

コーチからのアドバイス: 固有名詞の代わりに、ステップ・バイ・ステップで説明。

日本について何か聞かれたときは、固有名詞をできるだけ使わずに説明しよう。使わないと話ができない場合でも、せめて一文にひとつにとどめて。でないと、聞き手は何が何だかわからなくなってしまう。固有名詞の伝える意味を文で説明するといい。例えば「四十七士」は、Fourty-seven warriors でなく、「昔、政府に反逆した人々がいた」と説明すれば OK。

Round 1 まず ひとこと　CD2 35

1. Are you a fan of *kabuki*?
歌舞伎は好きですか？

- **Yeah.** ええ。
- **Not really.** それほど。

> 日本の文化を Do you like...? とストレートに聞かないほうがいい。それよりこのノックや How do you like...?「〜はどう思いますか」が適切。

2. Are you a fan of *sumo* wrestling?
相撲ファンですか？

- **Well...** そうですね……
- **Not really.** あんまり。

> 「少しは関心があります」は A little. で。*sumo*「相撲」も今や世界に通じるが、*sumo* wrestling と表現したほうが確実。*kabuki* theater も同様。

3. Do you eat *sushi* often?
よくスシを食べるんですか？

- **Not really.** それほどでも。
- **Yeah.** はい。

> *sushi* も今では世界に知られているし、Do you eat *sushi* often? はごく自然な、よく聞かれるノック。Can you eat...? は失礼になるから注意。

4. How often do you wear a *kimono*?
キモノはよく着るんですか？

- **Once a year.** 年に一度は。
- **Almost never.** ほとんど着ません。

> 「3年に一度ぐらいです」なら、About once every three years.。「すごくよく」なら Very often.、「そんなには」なら Not very often.。

トピック・ノック
Unit 10
日本について
About Japan

(5) Are Japanese very religious?
日本人はとても宗教的ですか？

- **Well...**
  そうですね……
- **It depends what you mean by religious.**
  「宗教的」の意味にもよりますが。

> 会話は未知のもの。さっと答えにくいノックを打たれて意図がわからなければ、Do you mean A or B?「A、それともBっていうことですか」と確認。

(6) What's your favorite Japanese word?
いちばん好きな日本語は？

- ***Baka to tensai wa kamihitoe.***
  「バカと天才は紙一重」です。
- ***Omoiyari.***
  「思いやり」です。

> これは、「日本語を話して」とあなたに頼んでいるノック。だから、固有名詞でも何でも好きな言葉を言ってみよう。

(7) If I only had 1,000 yen, what Japanese food would you recommend?
1000円しかなかったとしたら、日本食では何がおすすめですか？

- **A set with *soba* noodles and *tempura*.**
  天ざるです。
- ***Kaiten zushi.***
  回転寿司でしょう。

> ここは日本の食べ物を聞かれているので *Kaiten zushi.* のような言い方で OK。でも、必ず次ラウンド以降で補足説明を。

(8) If I only had three days in Japan, where would you recommend I visit?
日本で3日間しかなかったら、どこに行ったらいいと思います？

- **Kyoto.**
  京都がいいですよ。
- **Near the airport.**
  空港のそばにいたほうがいいですよ。

> Near the airport.の文の前には、You should stay...「〜に滞在したほうがいいですよ」、あるいは I recommend...「〜がおすすめ」が省略。

(9) How's the Japanese economy now?
日本経済は今どうなんですか？

- **People say it's better.**
  よくなってると言われてますけどね。
- **So-so.**
  よくも悪くもないです。

> How...?のノックには、形容詞でひと言が基本。最初の例文のPeople say...は、「巷では〜」の意。

(10) What's the big news item in Japan now?
日本で今いちばんのニュースは？

- **I'm not sure.**
  なんでしょうね。
- **The Prime Minister.**
  総理大臣ですね。

> 時事的な用語を知らなくてもじゅうぶんこのノックは返せるはず。

Round 2 まず ひとこと そして 補足

CD 2 36

コーチからのアドバイス
返答に困るときの、もうひとつの補足方法。

自分の国について説明を求められると案外答えに迷うもの。僕もそう。そんなときを切り抜けるフレーズをこれまでいくつか紹介したね。That's a difficult question. や It's hard to describe in English. など。ここでもうひとつ覚えておこう。それは、I don't know much about... 「～についてよくわからないんです」。⓾の例を参考にしてみて。

① Are you a fan of *kabuki*?

Yeah.
ええ。

I've been several times.
何回か見に行きました。

Not really.
それほど。

It's a beautiful tradition.
美しい伝統芸能ですけど。

② Are you a fan of *sumo* wrestling?

Well...
そうですね……

Not as much as I used to.
前ほどではないですね。

Not really.
あんまり。

I watch the highlights on TV sometimes.
テレビで取り組みのハイライトはときどき見ますけど。

③ Do you eat *sushi* often?

Not really.
それほどでも。

I go to *sushi* bars on special occasions.
特別なときに食べに行くんです。

Yeah.
はい。

I have it for lunch sometimes.
ランチを食べるときもあります。

④ How often do you wear a *kimono*?

Once a year.
年に一度は。

I wear it on special occasions like tea ceremonies and weddings.
お茶会や結婚式のような特別の会のときに着ます。

Almost never.
ほとんど着ません。

I rented a nice *kimono* once.
一度豪華な着物を借りたことがあります。

Unit 10
日本について
About Japan

Round 3 まず ひとこと そして 補足 さらに はずみ CD2 37

コーチからのアドバイス　あなたの英会話コーチも3Hしてみます！［その3］

❷相撲ファン？→ Yes! And I think I'd be a good *sumo* wrestler. I have good balance and weigh 95 kilos now.「そう！ それに自分もいい力士になれそう。釣り合いとれてるし95キロあるし」。❸よく寿司を食べる？→ Yes! I am a sushi addict. I HAVE TO have *sushi* at least once a week.「うん。もう中毒。週に一度は行くよ」。

Why don't we go sometime?
いつか一緒に行きませんか？

But it's too long and boring for me.
でも私には長すぎて退屈なんです。

「1回しか行ったことありませんけど」なら、I've been only once.。boringは自分が「退屈に感じる」ということ。客観的に「質が悪い」ということではない。

I used to watch it every season.
前は毎場所見に行ってましたよ。

Who's the popular wrestler these days?
最近注目の力士は誰ですか？

I used to watch it live.のようにliveをつければ、「以前は、よく見に行っていた」の意味に。the highlightsは「名場面集」。

My kids love rotating *sushi* bars called *kaiten zushi*. うちの子どもは回って出てくるスシ・バーが大好きなんですよ。「回転寿司」っていうんですけどね。

How about you?
あなたは？

「特別なときにしか食べに行きません」なら、I only have it on special occasions.。固有名詞は [...called 固有名詞] のように～で説明して使えばOK。

Would you like to see a picture?
写真を見ますか？

Now I only wear an informal *kimono* in summer.
今は夏にユカタを着るだけですね。

*yukata*という言葉はあまり知られていないからinformal *kimono*とかsummer *kimono*とかに言い換えたほうがベター。

Round 2 まず ひとこと そして 補足

(5) Are Japanese very religious?

Well...
そうですね……

They respect various religions.
各宗教を重んじていますけど。

It depends what you mean by religious.
「宗教的」の意味にもよりますが。

Japanese are very spiritual.
日本人はとても信心深くはあります。

(6) What's your favorite Japanese word?

Baka to tensai wa kamihitoe.
「バカと天才は紙一重」です。

It means there's a paper thin difference between a genius and an idiot.
天才とバカには紙1枚の厚さ程度の差しかない、という意味なんです。

Omoiyari.
「思いやり」です。

It means consideration.
人に気遣う、ということです。

(7) If I only had 1,000 yen, what Japanese food would you recommend?

A set with *soba* noodles and *tempura*.
天ざるです。

Most *soba* restaurants have it.
ソバ屋さんにはたいていあります。

***Kaiten zushi*.**
回転寿司でしょう。

The *sushi* rotates on a conveyer belt in front of you.
目の前でスシがベルトコンベヤーに乗って回ってるんです。

(8) If I only had three days in Japan, where would you recommend I visit?

Kyoto.
京都がいいですよ。

It takes about 3 hours from Tokyo.
東京から3時間かかりますけど。

Near the airport.
空港のそばにいたほうがいいですよ。

You won't waste time traveling.
時間が無駄にならないし。

(9) How's the Japanese economy now?

People say it's better.
よくなってると言われてますけどね。

But I don't feel any difference in my life.
生活の中では実感はありませんけどね。

So-so.
よくも悪くもないです。

It used to be terrible though.
前はとてもひどかったけど。

(10) What's the big news item in Japan now?

I'm not sure.
なんでしょうね。

I don't know much about politics.
政治のことはよくわからないんですけど。

The Prime Minister.
総理大臣ですね。

There were a few controversies.
いくつか問題になってましたけどね。

Unit 10
日本について
About Japan

But most Japanese are not very religious.
でも、ほとんどの日本人はとても信心深いというわけではありませんね。

respectは「尊重する」。ここでは「相手の信じる宗教を尊重する」ということ。「尊敬する、敬う」という意味ではない。「敬う」はadmire。

It's difficult to describe in English.
英語で説明するのは難しいんですけど。

Do you think that's true?
そう思います？

このノックこそ、あらかじめ自分なりのネタ作りが必要。ことわざを説明する場合は、It means ...と、その意味や教訓を話すと通じやすくなる。

Do you think most Japanese are considerate?
日本人には思いやりがある人が多いと思いますか？

I recommend cold noodles called *zaru soba*.
冷たい麺のざるソバがおすすめです。

cold noodles called *zaru-soba*のように、「...called ~」は、「~という名の...」の意。look goodは「おいしそう」。

You just take the ones that look good.
おいしそうなのがあったら自分でそれを取るんです。

But it's worth it.
でも行く価値はあります。

相手の興味に合わせて何かおすすめの場所を探して言ってあげたければ、What are you interested in?と早めに聞き返そう。worth...は「~に値する」。

You can enjoy lots of local temples, shrines and restaurants there.
地元のお寺や神社やレストランが楽しめますよ。

I hope it gets better.
よくなってくれるといいんですけど。

terribleは「ひどい」。badより「ひどい」程度が大きい。get betterは「よくなる」。病気やけがをした人へのお見舞いの言葉「お大事に」は、I hope you feel better.。

What do you think?
どう思います？

Did you hear about the horrible crimes recently?
最近の凶悪な事件について聞きましたか？

Did you hear about the...?は会話にはずみをつけるよい聞き返しの言葉。scandalは個人的な「醜聞」。controversyは「議論の的になっていること」。

They are mostly just scandals and gossip though.
ほとんどスキャンダルやゴシップですよ。

Unit 11

愛と友情
Romance & Friendship

コーチからのアドバイス　話の流れを大切に、話をもりあげて。

愛とお金の話は、世界共通、老若男女を問わず、もりあがるトピックだ。でも、これは会話の流れの中で自然に話題になるもの。自分からノックを打つときは、TPOに気をつけよう。でも、以下の10のノックは日常よく聞かれるものばかりだ。自分なりの答えを言い慣れておきたい。はじめて言うことはうまく言えないもの。ノックでしっかり投げ返す練習をしておこう。

Round 1　まず　ひとこと　CD2 38

1 Are most of your friends men or women?
男友だちと女友だちとどっちが多い？

- **Women.**
  女友だちです。
- **Well...**
  そうですね……

> 「AとBとどちらが多いですか」は、このノックのように。答えはAかBかズバリ、迷ったらWell...で。

2 Who is your best friend?
いちばん仲のいい人は？

- **Masa.**
  マサです。
- **My wife is my best friend.**
  妻が私の親友です。

> Who...? のノックにはズバリ名前か、My dog. とか My dad. のように自分との関係を。

3 Do you think a man and a woman can be friends?
男と女は友だち関係でいられると思う？

- **Well...**
  そうですね……
- **Yeah.**
  ええ。

> 「もちろん」「絶対に」ということであれば、Absolutely.。「まさか」「あり得ないでしょう」なら、Absolutely not.。

4 Are you married or dating someone now?
結婚されてるんですか？　それとも今付き合ってる人はいますか？

- **Well...**
  ええと……
- **No.**
  いいえ。

> 「結婚しているかどうか」は、ストレートに聞くより、このノックのようにA or B?で聞いたほうがソフト。話の流れを大切に。

Unit 11

愛と友情
Romance & Friendship

(5) How would you describe your ideal partner?
理想的な相手ってどんな人？

- **That's easy.**
  簡単！
- **Someone who listens and understands me.**
  話を聞いてくれてわかってくれる人。

> このノックには、[Someone who + V.]のように答えるといい。「やさしくてリッチで背が高い人」なら、Someone who's nice, rich and tall.。

---

(6) Where did you meet your current or former partner?
今の相手か前の相手とはどこで知り合ったの？

- **I met my old boyfriend at university.**
  前の彼とは大学で知り合って。
- **A friend introduced us.**
  友だちの紹介です。

> 「仕事で」だったら At work.。「インターネットのサイトで」なら Through an Internet site.。

---

(7) Did anything romantic happen to you recently?
最近何かロマンチックなことあった？

- **Not really.**
  特には。
- **Yes.**
  ありましたよ！

> 「ロマンチックなことって言っても一概にはね」と思ったら、It depends on what you mean by romantic.。

---

(8) Have you ever gotten a love letter?
ラブレターをもらったことは？

- **I don't remember.**
  覚えてないな。
- **Yeah.**
  ええ。

> もしこう聞かれて答えたくないと思ったら Why do you ask?「なぜそんなご質問を？」と返してもOK。

---

(9) Have you ever had a broken heart?
失恋したことはありますか？

- **Who hasn't?**
  ない人なんていないでしょう！
- **Yeah.**
  ありますよ。

> これは、How do your relationships end?「どんなふうに恋愛が終わるの？」とほぼ同じ意味。「と思うけど」と答えたいときは I guess.。

---

(10) Should people live together before they get married? 結婚前に同棲したほうがいいと思います？

- **Yes!**
  したほうがいいですね！
- **No.**
  思いませんね。

> これは「だれだれはこうしたほうがいいと思いますか」と意見を尋ねる典型的なノック。「どちらでもかまわない」なら、It doesn't matter to me.。

Round 2 まず ひとこと そして 補足 CD2 39

コーチからのアドバイス
この本を通して、自分の意見をまとめておこう。

❸の「男と女に友情は成立するか」のように、実際に考えてみたことがないことには急に答えられなくて当然。僕自身、自分ならどう言うか考え込んでしまった質問も実はザラにある。だから『英会話1000本ノック』の本を一度通してやることは、いろいろな話題について自分の考えを整理することにもつながる。それが実践的な会話力の素になるよ。

---

① Are most of your friends men or women?

- **Women.** 女友だちです。
- **I have some male friends though.** 男友だちも何人かいるけど。

- **Well...** そうですね……
- **It's a toss-up.** まあ、半々かな。

---

② Who is your best friend?

- **Masa.** マサです。
- **We went to school together.** 同じ学校に行ってたんです。

- **My wife is my best friend.** 妻が私の親友です。
- **When she's not angry at me.** 怒られてるとき以外はね。

---

③ Do you think a man and a woman can be friends?

- **Well...** そうですね……
- **It depends on the person.** 人によるだろうし。

- **Yeah.** ええ。
- **I have a lot of (fe)male friends.** 異性の友だちはいっぱいいるけど。

---

④ Are you married or dating someone now?

- **Well...** ええと……
- **I've just started dating someone from work.** ちょうど職場の人と付き合い始めたところです。

- **No.** いいえ。
- **I'm available.** フリーです。

216

Unit 11
愛と友情
Romance & Friendship

Round 3 まず ひとこと そして 補足 さらに はずみ　CD2 40

コーチからのアドバイス　あなたの英会話コーチも 3H してみます！［その4］

③男女の友情は成立するか？→ Of course. I think they can be platonic business partners too. In this diverse world, men and women have to be able to maintain lots of platonic relationships.「もちろん。恋愛関係を抜きにした仕事相手にもなれると思う。こんな多様な世の中で男女が恋愛関係にしかなれなかったら困るよね」。

How about you?
（あなたは）どっちのほうが多い？

Do you think men and women can be friends?
男性と女性は友だちになることができると思う？

> male friend は「男友だち」。「女友だち」は female friend。boyfriend / girlfriend は付き合っている「彼／彼女」の意味に。It's a toss-up. は「五分五分です」の意。

He moved far away recently though.
遠くに引っ越しちゃいましたけど。

How about you?
あなたの親友は？

>「同級生だった」は We went to school together.。「同級生」という名詞をそのまま英語でも名詞に訳そうと思わないで、文で説明するクセをつけて。

What do you think?
どう思う？

Our relationship is 100% platonic.
全然男女関係なく付き合ってますよ。

> platonic は辞書には「純精神的な」と出ているが、要するに肉体関係がないということ。100%とか50%などを使うと簡単にいろいろ表現できる。

What do you think of company romances?
社内恋愛ってどう思います？

Introduce me to someone if you have a chance.
誰かいい人がいたら紹介してくださいね。

> I'm available. は要するに「売れ残っています」の意。if you have a chance は「お手すきのときに」。例文の文脈では「もしよかったら」のような軽い意味。

Round 2 まず（ひとこと）そして（補足）

(5) How would you describe your ideal partner?

- That's easy.
  簡単！
- Someone who's honest, rich and generous.
  正直で、お金持ちでやさしい人。
- Someone who listens and understands me.
  話を聞いてくれてわかってくれる人。
- Of course, looks are important too.
  もちろんルックスも大事だし。

(6) Where did you meet your current or former partner?

- I met my old boyfriend at university.
  前の彼とは大学で知り合って。
- We broke up two years after graduating.
  卒業して2年で別れました。
- A friend introduced us.
  友だちの紹介です。
- We had a few dates.
  2、3回デートしました。

(7) Did anything romantic happen to you recently?

- Not really.
  特には。
- Someone smiled at me on the train this week.
  今週、電車の中でにっこりされたけど。
- Yes!
  ありましたよ！
- I celebrated my wedding anniversary in Hokkaido.
  北海道で結婚記念日のお祝いをしたんです。

(8) Have you ever gotten a love letter?

- I don't remember.
  覚えてないな。
- Maybe I got one a long time ago.
  ずいぶん前に1通もらったかもしれないけど。
- Yeah.
  ええ。
- My husband wrote a beautiful one once.
  一度夫が素敵な手紙をくれました。

(9) Have you ever had a broken heart?

- Who hasn't?
  ない人なんていないでしょう！
- If love starts, love always ends.
  恋にはかならず終わりがあるもの。
- Yeah.
  ありますよ。
- But I dump them before they dump me.
  フラレる前にふってましたけど。

(10) Should people live together before they get married?

- Yes!
  したほうがいいですね！
- People can't know each other well if they don't.
  しなきゃお互いをよく知ることができないでしょ？
- No.
  思いませんね。
- Living together and marriage are so different.
  同棲と結婚はかなり違います。

Unit 11
愛と友情
Romance & Friendship

Round 3 まず ひとこと そして 補足 さらに はずみ

How about you?
あなたにとっての理想的な人は？

> looksは「外見、ルックス」のこと。「ハンサムな／見た目がいい」はgood-looking。ちなみにnice guyは「親切な人」。niceはルックスでなく性格を表現。I wonder if...は「～かなあ」。

I wonder if I'll find Mr. (Mrs.) Right.
理想の人、見つかるかなあ。

How about you?
あなたは？

> break up (with...)は「（～と）別れる」。partnerは結婚しているかどうかにかかわらずよく使う。

And we knew we were perfect for each other.
運命の相手だと思いました。

Should I have started a conversation?
話をしたほうがよかったのかな。

> gorgeousは「すばらしい」。It was gorgeous. はシンプルな文だが、こうして感想を述べることは、会話を発展させていく、いい「はずみ」になる。

It was gorgeous!
すばらしかった。

How about you?
あなたは？

> like we used to...は「以前のように」。この場合、toのあとにcommunicateが略されている。communicateは「わかりあう、意思疎通する、伝え合う」などいろいろ表現できる。

But we don't communicate like we used to.
でも以前のようなツーカーな関係ではなくなりましたけどね。

That's life.
それが人生ってもんです。

> That's life.は慣用句。「ケセラセラ」のこと。「仕方がない」という意味にもなる。Oh well.も同じ意味。

How about you?
あなたは？

What do you think?
そう思いませんか？

> so differentのsoはveryと同じ意味。発音しやすいほうを言うことが大事。spoilは「ダメにする」。
> 自分の答えで3Hができたらスゴイ！ がんばろう。

Living together usually spoils the relationship.
同棲はたいてい破局に終わりますから。

Unit 12 お金 Money

コーチからのアドバイス: 自分のネタ作りも、ノックのひとつの意義。

「お金」も関心が高い話題のひとつだが、プライバシーを配慮して。「お給料はいくらですか」とか「これ、いくらで買ったの？」は、多くの場合NG。このユニットでは、聞かれる可能性が高いノックを厳選したので、自分ならどう答えるか、まず日本語サイドできちんと整理して、それから英語で言葉を返せるようにしよう。

Round 1 まず ひとこと　CD1 41

1. Are you cheap or generous?
あなたってケチ？ それとも太っ腹？

- **Generous.**
  太っ腹です。
- **Cheap with most items.**
  たいていはケチります。

> generous のもともとの意味は「寛大な」。つまり、ケチケチしていないこと。「親切な」の意の kind や nice と混同しないで。

2. Do you usually use cash or credit cards?
買い物は現金とクレジットカード、どちらで払います？

- **Cash.**
  現金ですね。
- **Credit cards.**
  カードですね。

> 旅先のお店などでクレジット・カードが使えるかどうか聞くときは、Do you take credit cards?

3. Are you saving money to buy something special?
何か買うために貯金してますか？

- **Yes.**
  そのとおり！
- **Not really.**
  特には。

> まずひと言、[Yes / No スケール]で。迷ったら、Well...で。something は anything でも。some か any か迷ったら some を。こちらがメジャー。

4. Do you ever play *pachinko* or gamble?
パチンコとかギャンブルはしますか？

- **No.**
  いいえ。
- **Not really.**
  あんまりしません。

> [Yes / No スケール]で答えるが、ダイレクトに、「ギャンブルは大嫌いです」I hate gambling. のように言ってもいい。

Unit 12

お金
Money

5. What's the most expensive thing you've ever bought? 今まででいちばん高かった買い物は？

- **My TV.**
  テレビですね。
- **A college education.**
  大学の学費です。

> このノックには、[A + 物の名前.]で。ever は「これまで」の意味だが、疑問文でのみ使う。アメリカでは college は university と基本的に同じ。

6. What do you spend most of your money on? 何にいちばんお金を使ってる？

- **Rent and food.**
  家賃と食費です。
- **What money?**
  お金なんてないよ。

> 「自分自身に」と答えたければ Myself.。「車に」なら My car. とだけ言えば OK。What money? はジョークっぽく「何のお金？」。

7. Are you worried about saving money for retirement? 老後のために貯金しようと思ってる？

- **Yeah.**
  ええ。
- **No.**
  いいえ。

> このノックは「退職後のプランは何か立てていますか」という意味。be worried about... は「～について気にかけている」の意。

8. Do you think Japan's taxes are too high? 日本の税金って高いと思います？

- **Yeah.**
  はい。
- **They're not as high as other countries.**
  他国ほど高くはないでしょう。

> Do you think...?「～と思いますか」のノックには、ひとまず、[Yes / No スケール]で。

9. If you won the lottery, what would you do? 宝くじに当たったらどうする？

- **I'd travel around the world.**
  世界一周旅行します。
- **It depends how much I won.**
  当選額にもよるけど。

> 答え方は、[I'd + 動詞.]で。もちろん I'd は I would の省略形。意味は「～するでしょうね」。

10. What's something that you really treasure? いちばん大事にしている物は？

- **My family.**
  家族です。
- **Not any material possessions.**
  「物」ではないですね。

> 「サブローと一緒に撮ったサイン入りの写真です」と答えるのなら、I have a signed picture with Saburo.。

Round 2 まず ひとこと そして 補足

コーチからのアドバイス
自分で作った英語を言うことに、意味がある。

会話上達には、自分でオリジナルの英文を作ること。他人が作った英文をいくら音読やリピートしても、自分の力にはならない。自分の言葉で英語を言うタスクを出すのがコーチである僕の仕事。そう考えて3H方式を開発し、この本を作ってきた。例文もたくさん載せているが、あくまで自分自身のことを表現する英文作成の参考にしてね。

---

① Are you cheap or generous?

Generous.
太っ腹です。

But I can't be so generous recently.
でも最近はあまり太っ腹になれないんです。

Cheap with most items.
たいていはケチります。

But I'm generous at restaurants and bars.
でも、レストランやバーだと気前いいんですよ。

---

② Do you usually use cash or credit cards?

Cash.
現金ですね。

I can control my spending with cash.
キャッシュだと買い物を制限できるし。

Credit cards.
カードですね。

I hate carrying cash.
現金を持ち歩くのがイヤなんです。

---

③ Are you saving money to buy something special?

Yes.
そのとおり！

I'm renting my place now.
今は賃貸なんです。

Not really.
特には。

I'd like to travel somewhere this year though.
年内に旅行はしたいと思ってますけど。

---

④ Do you ever play *pachinko* or gamble?

No.
いいえ。

I never gamble.
ギャンブルは絶対にしません。

Not really.
あんまりしません。

I buy lottery tickets sometimes.
たまに宝くじは買います。

Unit 12

お金
Money

Round 3 まず ひとこと そして 補足 さらに はずみ CD1 43

コーチからのアドバイス
会話力は、あなたの「創造力=Creativity」。

ハードな「3Hノック」をこれまでがんばってきたあなた。自分で作った英語を言う練習のなかで、だいぶ「万歩計」のメーターも上がってきたことと思う。会話の骨組みは「3H」だが、その骨格に肉付けをするのは、あなたの創造力。話がはずむいいネタを創ったり、通じないときに他の言葉で言い換えたりするのにも、存分に創造力を発揮して。

Because money's tight these days.
お財布の中身がここのところ厳しくて。

money's tight は財政が厳しいこと。I'm generous with (my friends / family) なら「(友だち/家族) には気前がいい」。

How about you?
あなたは？

Don't you think credit cards are dangerous?
カードは危険だと思いませんか？

dangerous は「ついたくさん使っちゃう」「金利がばかばかしく高い」「盗まれるとコワい」などいろいろな意味を示せる。[hate + 動詞の ing 型]は、「〜するのが大嫌い」の意。

I use my cell phone to buy things too.
携帯で買い物することもあります。

But I really want to buy my own place.
だけど、すごく自分の家が欲しいんですよ。

「月々の請求書の支払いで精一杯です」は I'm just trying to pay my bills.。「生活はぎりぎりです」の意の慣用句は I'm keeping my head above water. と言う。

How about you?
貯金してるんですか？

Don't you think it's a waste of time?
時間の無駄だと思いませんか？

waste of time / money は「時間/お金の無駄」。「絶対に〜しない」は I never... で。「一度も〜したことない」と言いたいときは I've never...。

I've never won though.
当たったためしがないですけど。

Round 2 まず ひとこと そして 補足

(5) What's the most expensive thing you've ever bought?

- **My TV.**
  テレビですね。
  - **It was so expensive.**
    すごく高かったんですけど。

- **A college education.**
  大学の学費です。
  - **It was ridiculous.**
    とんでもない値段でした。

(6) What do you spend most of your money on?

- **Rent and food.**
  家賃と食費です。
  - **I spend the rest pampering myself.**
    あとは自分へのご褒美に。

- **What money?**
  お金なんてないよ。
  - **I'm paying off a few loans.**
    いくつかローンも払ってるし。

(7) Are you worried about saving money for retirement?

- **Yeah.**
  ええ。
  - **I'm saving some money now.**
    今、少し貯金しています。

- **No.**
  いいえ。
  - **I don't think about it much.**
    あんまり心配してません。

(8) Do you think Japan's taxes are too high?

- **Yeah.**
  はい。
  - **Politicians waste too much money.**
    政治家は無駄遣いし過ぎ。

- **They're not as high as other countries.**
  他国ほど高くはないでしょう。
  - **But the number of elderly Japanese is increasing.**
    でも日本では高齢化が進んでますね。

(9) If you won the lottery, what would you do?

- **I'd travel around the world.**
  世界一周旅行します。
  - **I'd especially like to see Egypt.**
    特にエジプトに行ってみたい。

- **It depends how much I won.**
  当選額にもよるけど。
  - **People rarely win a ridiculous amount.**
    ばかばかしいような莫大な額なんてめったに当たらないし。

(10) What's something that you really treasure?

- **My family.**
  家族です。
  - **They always stand by me.**
    いつでも味方になってくれてます。

- **Not any material possessions.**
  「物」ではないですね。
  - **But I do treasure my designer's brand handbag.**
    確かにブランド物のバッグは宝物にしてますけど。

Unit 12
お金 / Money

But the picture is fantastic!
でも映像がすばらしいんですよ。

Aren't education costs out of hand?
教育費って本当にばかにならないですよね。

> 余裕があれば、2番目の例文のように、Aren't you...?と否定疑問文で聞き返しをしてみよう。out of hand は「手に負えない」、この場合は「高い」の意味。

I should save some though, right?
でも少しは貯金したほうがいいんでしょうね。

So I'm pretty poor right now.
だから今かなり貧乏なんですよ。

> pamper...は「～の好きなようにさせる」ということ。Pamper yourself. は「自分に贅沢しなさいよ」の意味。

I hope it will be enough.
大丈夫だと思うんだけど。

Maybe my parents will leave me money.
もしかしてうちの両親がいくらか残していってくれるでしょう。

> I hope it will be...は「～だといいんだけど」。この文脈では wish を使わないこと。wish は実現していないことや終わったことに対して愚痴をこぼすようなニュアンスになる。

They should cut spending and taxes.
支出と税金を抑えるべきです。

So taxes may increase in the future though.
だから将来は増税になるかもしれないけど。

> waste は「～を無駄にする、浪費する」。eldery は「高齢の」。「高齢者」は old people でなく、eldery と言う。

Have you ever been to Egypt?
エジプトに行ったことはありますか？

So I'd put my lottery money in the bank.
だから当選額は銀行に預けるだろうね。

> ridiculous は「ばかばかしい、ふざけた」。It's ridiculous.「ふざけてるよ」のように言う。「銀行にお金を預ける」は put money in the bank。

They support me in tough times.
つらいときに助けてくれるんです。

Do you think I contradict myself?
私、矛盾してるかしら？

> stand by...は「～の力になる」。treasure は「大事にする」。I do treasure...の do は次に来る動詞の treasure を強調している。
> 3H ノック 870 本はこれで終了！ Congratulations!

スティーブのコラム 6

僕のコーチ歴

　この本の表紙にも書いているとおり、僕は「英会話コーチ」。この肩書きをとても誇りに思っている。英会話コーチを始めてしばらく経つが、僕のコーチ歴のルーツはもっと前にさかのぼる。

　1991年、僕は当時の文部省の招聘で岐阜県の小さな町に中学の英語指導助手として赴任した。これが初来日だった。毎日2時か3時に仕事が終わるので、何か運動部のコーチをしようと思った。まず母国で一番得意だった野球部に行ってみたが、学校のコーチは僕より100倍も野球に詳しい。僕の出る幕はないとすぐわかり退散。次にバスケットボール部に行ってみた。ここは当時、「がんばれベアーズ」みたいな弱体チームだった。女子チームにさえ負けてしまうという、勝ち歴ゼロ。

　日本語の「に」の字もわからなかったので、僕にとってはコーチをすることは言語的なチャレンジでもあり、初勝利をめざした挑戦でもあった。「コーチ」ということから言うと、僕はコーチとして彼ら部員たちに練習をさせたけど、同時に彼らこそ、僕の日本語のコーチでもあった。部員たちはひっきりなしに僕に質問を浴びせ続けた。僕が初めて日本語で1000本ノックを受けたのは、この岐阜の中学校のバスケ部員からだった。

　アメリカの習慣にならって、試合当日、スーツにネクタイ姿でコーチとして出かけたこともある。選手たちも、普段着姿の相手コーチも校長先生も目を丸くした。そして、8カ月余りコーチした結果、女子チームにも、とうとう他校男子チームにも初勝利。これらの思い出はみんな宝物だ。

　今は英会話コーチとして教えながら、「英語ができない人」を「英語ができる人」に育てているが、この経験こそ、今の僕にとって最高の宝だ。日本で作り上げた英語学習法をニューヨーク大学の、多国籍の人たちから成るクラスで実践したこともある。コースの卒業式にはイタリア人のフランチェスコ君がクラスの代表として「今までもっとも英語スキルを伸ばしてくれたのはスティーブ先生です」と言葉を贈ってくれたことも思い出だ。僕はこれからも実質的な成果を生む教育者、コーチであり続けたいと願っている。

仕上げノック

いよいよ最後のノック30本に挑戦。あなたが今から遭遇するのは次の3つのシチュエーション——「飛行機の中で隣り合った人と話す」「旅先のパリの街角で知り合った人と話す」「英語で面接を受ける」。いままで身につけてきた力を十分に発揮して、各ノックにきちんと受け答えしてみよう。

ノック数30

Chapter 5

Making Friends [Part 1]
機内編

Unit 1

コーチからのアドバイス　適切な距離をとりつつ、初対面の人と楽しく会話を。

さて、いよいよ仕上げノック。残りはわずか30本。今までに受けた970本のノックでかなり会話スキルがアップしているはず。持てる力を総動員して、しっかり取り組もう。まず最初は、機内や空港など、旅先でふと隣り合わせになった人と何気なく言葉を交わす場面。Here we go!

Unit 1
Making Friends [Part 1]
機内編

① Hi. How're you doing?
こんにちは。ご機嫌いかがですか？

Good, thank you. And you?
おかげさまで。あなたは？

> 直訳すると違和感があるかもしれないが、初対面の人同士でもこうあいさつを交わす。

---

② Where are you from?
どちらからですか？

Japan. How about you?
日本です。あなたは？

> こう聞かれたらまず国名を答えてから聞き返して。都道府県名は不要。ここまではまだあいさつ。3Hで返さなくていい。

---

③ Where exactly do you live?
詳しく言うと日本のどちらにお住まいなんですか？

The northern part. It's about three hours from Tokyo. Have you ever been to Japan?
北部です。東京から3時間くらいのところです。日本にいらしたことはありますか？

> 基本は県名などの固有名詞は避けて、東西南北どの辺なのか、だいたいの位置を言うこと。さて、ここからは普通の会話ノック。3Hで返そう。

---

④ Is this your first trip abroad?
海外ははじめてですか？

No. It's my third trip abroad, but this is my first trip to Europe. I'm so excited. Do you travel to Europe often?
いえ。3度目なんです。でもヨーロッパははじめてで、すごく楽しみなんです。ヨーロッパへはよく行かれるんですか？

> No.でなければ、Yeah.＋補足（「ワクワクしています」など）＋聞き返しの3Hが基本。もちろん全4文、全5文で返してもOK。

---

⑤ Did you bring a lot of luggage?
お荷物はたくさん持ってらしたんですか？

Not really. I left space for souvenirs. And I'll probably buy some things for myself. Do you know any good places for shopping?
そんなに多くないです。お土産用にスペースを空けておきました。自分用にも何か買うかもしれませんし、ショッピングにはどこがいいかご存じですか？

> 「荷物」は luggage か suitcases か bags で。「荷作りをする」は pack my luggage [suitcases/bags]。

6. By the way, I'm Steve.
あ、そうだ。スティーブといいます。

Hi, I'm Tsubasa. (handshake) Nice to meet you.
どうも、私はツバサです。（握手）はじめまして。

> このように会話がある程度進んでから初めて名乗るときは、By the way, I'm...で。

7. Do you travel often?
旅行はよくするんですか？

Well... I travel as often as possible. I just need enough time and money. How about you?
そうですね…… できる限り旅行はしてますね。あとは時間とお金さえじゅうぶんあれば。あなたは？

> 最後に、聞き返しをプラスして。as often as possible は「できるだけ頻繁に」。

8. Do you like to fly?　飛行機で旅行するのはお好きなんですか？
Well... It's OK. I don't like long flights. But it's the only way to travel abroad. So there's nothing we can do about it.
ええと……どうでしょうね。長いフライトはイヤなんですけど、海外に行くにはこれしかないから。しょうがないですね。

> It's OK.は、「普通です」。「いいです」という肯定的な意味ではないので注意。

9. What do you do?　お仕事は何をされてるんですか？
I work for a Japanese company. I do mostly administrative work. I used to be a stay-home-mother. But my children are grown up. So I started working again. How about you?
勤めは日本の会社です。主に総務の仕事をしています。専業主婦だったんですが、子どもたちが成人したのでまた働くことにしたんです。あなたは？

> よく聞かれる質問だから自分の得意ネタにしておこう。固有名詞を避けて複数の文で説明。

10. Why don't we have a drink after we arrive?
着いたら向こうで一緒に一杯飲みませんか？

That sounds nice. I can send you an e-mail. Or I can give you a call. What do you think?
いいですね。メールか電話でご連絡しましょうか。どうですか？

> Why don't we...?は誘いのフレーズ。Let's...よりソフトでShall we...?より自然。

Unit 2

Making Friends [Part 2]
旅先編

CD2 45

コーチからの
アドバイス

聞き手・話し手、
どちらの役もしっかりと。

　このユニットでは、あなたがパリを旅行しているということで現地の人と会話をしてみよう。矢継ぎ早にノックを浴びせられるから、ちゃんと3Hでどんどん返して。会話に正解はない。というか、正解はあなた自身が作り出すもの。簡単な短い文を連続して言うことを忘れないで。Let's go!

1. It's a wonderful day, isn't it?
いい天気ですねえ。

Yeah. It's quite warm now. I thought it would be colder.
ですね。かなり暖かくなりましたね。もっと寒くなると思ってたんですけど。

> ネタ切れになりやすい天気の話題も「思ったより寒い/暑い」のように話をはずませることもできるね。

2. Are you visiting Paris, or do you live here?
パリはご旅行ですか、それともこちらに住んでらっしゃるんですか？

Visiting. I live in Japan. How about you?
旅行です。住んでるのは日本なので。あなたは？

> A or B? と聞かれているから、そのどちらかズバリ答えよう。補足を忘れずに。

3. Is this your first time here?   パリははじめて？

Yeah. I've been to other countries in Asia, but this is my first trip to Europe. Have you been to other countries in Europe?
ええ、アジアの国には行ったことがあるんですが、ヨーロッパははじめてなんです。ヨーロッパのほかの国に行かれたことは？

> Yes. First time. や No. だけで終わってはダメ。せめて答えのあと How about you? と聞き返そう。

4. How was your flight?
飛行機はどうでした？

Long. And I couldn't fall asleep. But the food was good. And I saw a nice movie too. Can you sleep on planes?
長かったですね。眠れなかったし。でも食事はよかったですよ。映画もよかったし。飛行機で眠れますか？

> How...? には、まず形容詞で。「特に問題ない」も「快適でしたよ」も Good. で。

5. How long will you be in Paris?   パリにはどのくらいいるんですか？

About one week. I wish it were longer. But I have to get back to my job. Is anything special happening this week in Paris?
1週間くらいです。もっと長くいたいんですけど、仕事に戻らないと。今週パリで何か特別なイベントとかはやってませんか？

> I wish... は現実と異なることに対して「～だとよかったのに」の意味で使う。

Unit 2
Making Friends [Part 2]
旅先編

6. How do you like Paris?
どうですか、パリは？

It's more beautiful than I imagined. I feel like I'm in a movie. How do you like Paris?
思ってたよりもずっときれいですね。なんか映画の世界にいるみたい。あなたはどうですか？

> How do you like...? は気軽にあなたの印象を聞いているノック。最初の文からフルセンテンスで言おう。連続文で答えてみて。

7. How do you like your hotel? ホテルのほうはどうですか？

It's nice. There were a lot of Japanese there, so I was surprised. Also, the hotel staff speak Japanese. Do you speak any Japanese?
いいですよ。日本人がいっぱいいて驚きましたけど。ホテルの従業員も日本語が話せるんです。何か日本語は知ってますか？

> このノックには [It's + 形容詞.] で自分の印象を伝えてみよう。最初はさっと。補足で詳しく。

8. Do you speak any French? フランス語は話せるんですか？

Not really. I wish I could. I can say about three words; Bonjour, Merci and Au revoir. What do you think are some other important words? あまり。話せればいいんですけどね。3つくらいは言えます：ボンジュール、メルシィ、オウボア。ほかにもっと知っていたほうがいい言葉ってあります？

> このノックには No. とか Oh, no. で話を終わらせず、こんなふうに展開しよう。

9. What do you want to do in Paris? パリで何がしたいですか？

I hope I can see the Eiffel Tower and visit some galleries. And I hope I can eat a lot of wonderful French food too. What do you recommend? そうですね……、エッフェル塔を見たいし、ギャラリーもまわりたいですね。おいしいフランス料理もいっぱい食べられるといいですね。おすすめはありますか？

> I hope I can... は「〜できるといいな」と希望を表す表現。この意味で wish は使わない。

10. Would you like to go to a museum now? これから美術館でもいかがですか？

I'm sorry but I can't right now. I'm busy for the next few hours. And I'm not sure of my schedule today. Thank you for asking though. ごめんなさい、今はちょっと無理ですね。これから何時間かやることがあって。今日一日のスケジュールも定かじゃないんです。でも誘ってくださってありがとうございます。

> 単に Oh, no. とか I can't. だけでなく、このくらいたくさん文を重ねて断れれば丁寧。

Unit 3

Final Interview
英語で面接

コーチからのアドバイス

いよいよ最後の10本。
1000本達成おめでとう！

　この10本でいよいよ1000本ノック達成だね。ここまで挫折しないでがんばってきたあなたはスゴイ！　自分の言葉で1000本ノックを返してきたことは、確実にあなたの会話力を上達させているはず。このユニットでは英語面接のシミュレーション。3Hで自分を売り込んでみよう！

Unit 3
Final Interview
英語で面接

1) Hi. How are you today?
どうもこんにちは。どうですか、今日の調子は。

Good, thank you. And you?
おかげさまで、ありがとうございます。お元気ですか。

> 面接で大切なのは第一声。このあいさつ表現をなめらかにさわやかに言えるとベスト。

2) Are you nervous? 緊張してますか？

Well... I'm a little nervous, but I think I'm prepared. I only get nervous if I'm not prepared. Thank you for asking.
そうですね……、少し緊張してますけど、大丈夫だと思います。覚悟ができていないと緊張してしまうんですが。お気遣いありがとうございます。

> I'm a little...は「少し〜です」。ストレートさを避けてソフトな印象を与える言葉。

3) What do you do now? 今は何をなさってるんですか？

I work for Tazu Imports. I work for the sales department. We sell to other businesses and directly to customers. Our best selling item is clothes. タズ・インポーツで働いています。営業部です。ほかの業者や直接個人のお客さまに商品を売っています。いちばん売れているのは洋服です。

> 現在の職業は面接でも必ず聞かれる話題。きちんと連続文でネタ作りをしておこう。

4) Do you like what you do? お仕事はお好きですか？

Yes. I've learned a lot. And I've contributed a lot. But I'm ready for a bigger challenge.
はい。たくさんのことを学んで、私自身もずいぶん会社に貢献してきました。でも、これからはもっと大きなことに挑戦したいんです。

> 現在の仕事のどういう点が好きでやりがいがあるかなど、短文を連続させて言おう。

5) What jobs have you done in the past? 以前ほかにお仕事をされてたことは？

I worked for a magazine after I graduated from college. After that I joined Tazu Imports as a part-timer. I was promoted to full-time. Now I'm the assistant manager of my department.
大学卒業後は雑誌関連の仕事をしていました。そのあとパートタイムでタズ・インポーツに入り、正社員になりました。今は部のアシスタント・マネージャーをしています。

> 過去の職歴を聞くノック。いくつかの短文で時系列的に簡潔に言えればOK。

6. What are your strengths? ご自分の長所は何だと思います？

I'm hard-working and responsible. I think I have good leadership skills. Also, I have a good nose for business.

一生懸命働き、責任感があります。リーダーシップのスキルもあると思います。それと、いいビジネスチャンスを判断するセンスもあると思います。

> I have a good nose for... は文字通り「〜に対する嗅覚が優れている」の意。

7. How about your weaknesses? 短所は？

Well... That's a difficult question. I used to take on too many responsibilities, but I've learned to manage my time well.

そうですね……難しい質問ですね。以前は責任を抱えすぎがちだったんですが、今は自分のスケジュール管理をうまくできるようになりました。

> うまく答えられないときは、このようにひとまず、Well... That's a difficult question.。沈黙はダメ。

8. Are you willing to move? 転勤は大丈夫ですか？

Yeah. I have moved before. And I don't mind. I'd like some advance notice though.

はい。以前も転勤したことがあります。だから大丈夫です。事前にお知らせいただければとは思いますが。

> move は「転勤する」。I'd like... は I want... より丁寧な表現。社会人ならこう言おう。

9. What do you think about working overtime? 残業はどうですか？

I don't mind working overtime. I'm used to it. How much overtime is there for this job?

特に気にしません。慣れてますから。この仕事での残業はどのくらいでしょうか？

> What do you think about...? は「〜はどうですか？」。How do you think...? とは言わないから注意。[I don't mind + 動詞のing型]は「〜することはかまわない」の意味。

10. Do you have any questions for me? 何か聞いておきたいことはありますか？

Yeah. I have two questions. What is my job description? Also, would you tell me about the pay structure and benefits?

はい。ふたつ質問があるのですが、まず、今回の仕事の内容を教えていただきたいのと、お給料とその他の待遇について教えていただけますか。

> 「〜について教えてください」は Would you tell me about...? が丁寧。teach は使わない。さて、これで1000本ノック終了！ Great! You did it! Congratulations!

著者紹介

スティーブ・ソレイシィ
Steve Soresi

東洋英和女学院大学専任講師。アメリカ、ワシントンD.C.出身。早稲田大学大学院政治研究科修了。1991年初来日。岐阜県の学校で英語指導助手を務める。「外国人のための日本語弁論大会」で優勝して以来、テレビほかで活躍。NHK教育テレビ『スティーブ・ソレイシィのはじめよう英会話』などで、人気を博す。また自らが日本語を習得したときの学習法を基に、多数の日本人に英語を教えた経験をプラスして独自の英会話学習アプローチも開発。主な著書に『英会話なるほどフレーズ100』『英会話ペラペラビジネス100』(以上アルク)、『国際人の英会話学習法』(角川新書)、『耳慣れビクス英会話』(ユーキャン)など。公式サイトはhttp://www.stevesoresi.com。「日本人は英語がうまい」と世界が認める日の実現をめざしている。

iPodでも使える！
英会話1000本ノック&キャッチ

本書の模範解答をネイティブの音声で聞いてみたいというご要望にお応えして、Chapter1～5のノック＋模範回答例をすべて収録した音声ファイルを『英会話1000本ノック&キャッチ 基礎編』としてダウンロード販売しています。模範回答を担当するナレーターは、キム・フォーサイスとビル・サリバン。もちろんスティーブ・コーチのノックもちゃんと入っています。

収録されている音声は、全部で1時間55分。ファイル形式はMP3なので、iPodに入れることもできます。価格は、840円（税込）。下記のサイトからお買い求めください。

試聴およびダウンロードの情報は
コスモピア・オンラインショップ
でどうぞ
http://www.kikuyomu.com/shop/

英会話1000本ノック

2006年3月10日　初版第1刷発行
2012年12月20日　第13刷発行

スティーブ・ソレイシィ
企画・執筆協力：生越秀子

装丁：デザイン・ファイターズ

表紙イラスト：佐藤美代子
本文イラスト：松並良仁

制作協力: Rose Horger / Ian Martin

写真：徳永新一

発行人：坂本由子
発行所：コスモピア株式会社
　　〒151-0053　東京都渋谷区代々木4-36-4　MCビル2F
営業部：TEL: 03-5302-8378　email: mas@cosmopier.com
編集部：TEL: 03-5302-8379　email: editorial@cosmopier.com

http://www.cosmopier.com/　　http://www.kikuyomu.com/

DTP：榊 由己子、さかもと ふたば

印刷・製本：シナノ印刷株式会社
音声編集：安西一明
録音・製作：東洋レコーディング株式会社

©2006　Stephen Soresi

出版案内

会話のマナーからプレゼンテクニックまで！
英会話1000本ノック〈ビジネス編〉

相手と対等な立場で仕事を進めるには、クイックレスポンス力が不可欠。ビジネスの言い回しをいくら暗記しても、現実がその通りに進むことはまずありません。CDのポーズという制限時間内に答える1000本ノック方式で、臨機応変に対応できる瞬発力を鍛えましょう。回答例入りと質問のみの、2パターンの音声は7時間超のボリューム。

【本書の内容】
- 基本的なビジネスコンタクト
- 7段階に使い分けるお礼とお詫び
- 電話応対を基礎からマスター
- 大きな数字を瞬時に英語に変換する
- プレゼンテーションの準備と本番 他

著者：スティーブ・ソレイシィ
A5判書籍218ページ+CD-ROM（MP3音声430分）

定価2,100円（本体2,000円+税）

5級→1級の進級テスト付き！
英会話1000本ノック〈入門編〉

『英会話1000本ノック』のCDに収録されているのが質問のみであるのに対し、本書は「質問→ポーズ→模範回答」の順で録音。ポーズの間に自力で答えられないノックがあっても、続けて模範回答が流れてくるので、それに合わせて声を出せばOK です。やさしいノックを、ポンポンとリズミカルにリターンする感覚を身につけましょう。

【本書の内容】
- [5級]オウム返し／基本的な主語を使った文
- [4級]自分の意見や気持ちを正確に伝える
- [3級]こちらから話しかける／何かをお願いする
- [2級]わからない個所を聞き返す／自分をアピールする
- [1級]親しい間柄で使うフレンドリーな表現

著者：スティーブ・ソレイシィ
A5判書籍184ページ+CD2枚（72分、71分）

定価1,764円（本体1,680円+税）

コスモピア・サポート

いますぐご登録ください！ 無料

「コスモピア・サポート」は大切なCDを補償します

使っている途中でキズがついたり、何らかの原因で再生できなくなったCDを、コスモピアは無料で補償いたします。
一度ご登録いただければ、今後ご購入いただく弊社出版物のCDにも適用されます。

登録申込方法
本書はさみ込みハガキに必要事項ご記入のうえ郵送してください。

補償内容
「コスモピア・サポート」に登録後、使用中のCDにキズ・割れなどによる再生不良が発生した場合、理由の如何にかかわらず新しいCDと交換いたします（書籍本体は対象外です）。

交換方法
1. 交換を希望されるCDを下記までお送りください（弊社までの送料はご負担ください）。
2. 折り返し弊社より新しいCDをお送りいたします。

CD送付先
〒151-0053　東京都渋谷区代々木4-36-4
コスモピア株式会社「コスモピア・サポート」係

★下記の場合は補償の対象外とさせていただきますのでご了承ください。
- 紛失等の理由でCDのご送付がない場合
- 送付先が海外の場合
- 改訂版が刊行されて6カ月が経過している場合
- 対象商品が絶版等になって6カ月が経過している場合
- 「コスモピア・サポート」に登録がない場合

＊製品の品質管理には万全を期していますが、万一ご購入時点で不都合がある「初期不良」は別途対応させていただきます。下記までご連絡ください。

連絡先：TEL 03-5302-8378
　　　　FAX 03-5302-8399
「コスモピア・サポート」係

全国の書店で発売中！　　　　www.cosmopier.com

コスモピア 出版案内

耳からマスター！
しゃべる英文法
使えない知識を「使える英語」に！

学校で勉強したのに話せないのは、授業が「話す」ためのものではなかったから。本書は、仕事とプライベート全24場面の会話をもとに、聞いて答える練習をして文法力を再構築。「微妙なニュアンスを伝える」「条件を盛り込む」といった複雑な表現も、自動的に口をついて出てくるようになります。

著者：白井 恭弘
A5判書籍184ページ＋CD2枚（64分、68分）
定価1,890円（本体1,800円＋税）

話せる！
英語シャドーイング
リスニングからスピーキングへの橋渡し

リスニングに速効のあるシャドーイングを、スピーキングに直結させる10ステップのトレーニング本。最初に11レベルのベンチマーク音声から自分のスタートラインを自己診断。名作の朗読、ニュース、ブラッド・ピットやエマ・ワトソンへのインタビュー、著名人のスピーチなど、多彩な練習素材を用意しています。

著者：門田 修平／柴原 智幸／高瀬 敦子／米山 明日香
A5判書籍218ページ＋CD1枚（45分）
定価1,890円（本体1,800円＋税）

日常英会話。
ほんとに使える表現500
ミニドラマで楽しくレッスン

外資系企業に転職した28歳の主人公が、上司や同僚、その友人や家族に囲まれながら、英語にも仕事にも次第に自信をつけていく過程を描いた1年間のミニドラマ。24シーン、各2～3分の会話の中に、よく使われる表現を平均20個もアレンジしました。イキイキしたセリフはシャドーイングの練習に最適

著者：キャスリーン・フィッシュマン／坂本 光代
A5判書籍232ページ＋CD1枚（68分）
定価1,890円（本体1,800円＋税）

田中茂範先生のなるほど講義録⑥
これなら話せる★チャンク英会話
「文を作らない」がスピーキングの決め手！

会話は思い浮かんだ断片＝「チャンク」をそのまま口に出し、言葉をつないでいくもの。日常会話の慣用表現840と、チャンクをつなぐチャンキング・テクニックをマスターすれば、英会話はグンと楽になります。本書で「頭の中で完璧な文を組み立ててからでないと口に出せない症候群」脱却。

著者：田中 茂範
B6判書籍296ページ＋CD-ROM（MP3音声158分）
定価1,785円（本体1,700円＋税）

言いまくり！
英語スピーキング入門
本書では沈黙は「禁！」

「あいさつ程度」から脱却するべく、描写力・説明力を徹底的に鍛える1冊。写真やイラストといった「視覚素材」を使って、考える→単語を探す→文を作る→口に出すという一連のプロセスのスピードアップを図り、見た瞬間から英語が口をついて出てくるようにするユニークなトレーニングブックです。

著者：高橋 基治／ロバート・オハラ
A5判書籍184ページ＋CD1枚（54分）
定価1,680円（本体1,600円＋税）

英語で語るニッポン
現代日本の実生活を話してみよう

たこ焼き、発泡酒、ゆかた……、日本のことを外国人に説明しようというとき、ぴったりの英単語が思い浮かばなくても、今の英語力で上手に表現するテクニック9つを伝授。日本人の価値観や生活のルールなどの説明も適宜加えながら、やさしい話し言葉スタイルで表現し、外国人との会話が弾むように構成。

コスモピア編集部 編
A5判書籍235ページ
定価1,890円（本体1,800円＋税）

全国の書店で発売中！　www.cosmopier.com

出版案内

決定版 英語シャドーイング〈超入門〉
ここからスタートするのが正解！

シャドーイングは現在の英語力より何段階か下のレベルから始めると、コツがうまくつかめます。そこでひとつが20〜30秒と短く、かつスピードもゆっくりの素材を集めました。日常会話や海外旅行の定番表現、実感を込めて繰り返し練習できる感情表現がたくさん。継続学習を成功させる記録手帳付き。

編著：玉井 健
A5判書籍210ページ＋CD1枚（73分）
定価1,764円（本体1,680円＋税）

英語シャドーイング練習帳
多種多様な「なま音声」を聞き取る！

プロのナレーターが台本を読むスタジオ録音と、普通の人が普通に話す英語には相当なギャップが。出身地も年代もバラバラの20名以上の英語をシャドーイングして、音のデータベースを頭の中に築きましょう。ノンネイティブを意識したゆっくりレベル、少しゆっくりレベル、ナチュラルレベルの3段階で構成。

著者：玉井 健／中西のりこ
A5判書籍202ページ＋CD-ROM（MP3音声126分）
定価1,890円（本体1,800円＋税）

決定版 英語シャドーイング〈入門編〉
聞く力がグングン伸びる！

リスニングに抜群の速効性があり、短期間で効果を実感できるシャドーイング。『入門編』では、スピードはゆっくりながら、ひとつが2〜3分とやや長めの素材を提供します。名作の朗読や、小学校の理科と算数の模擬授業、ロバート・F・ケネディのキング牧師暗殺を悼むスピーチなど、やりがい十分です。

編著：玉井 健
A5判書籍194ページ＋CD1枚（71分）
定価1,680円（本体1,600円＋税）

イギリス英語を聞く THE RED BOOK
すべて現地生取材・生録音！

ウィンブルドン・ミュージアム、セントポール大聖堂、オリンピック・スタジアムなど、9カ所の観光スポットで担当者に生取材・生録音。クリケットの元イギリス代表選手へのインタビューも収録。リアルなイギリス英語の多彩な発音に耳を慣らすことができます。

『THE BLUE BOOK』も好評発売中！

著者：小川 直樹／川合 亮平
協力：米山 明日香
A5判書籍179ページ＋CD1枚（78分）
定価1,890円（本体1,800円＋税）

決定版 英語シャドーイング
最強の学習法を科学する！

音声を聞きながら、即座にそのまま口に出し、影のようにそっとついていくシャドーイング。「最強のトレーニング」と評される理論的根拠を明快に示し、ニュースやフリートーク、企業研修のライブ中継、さらにはトム・クルーズ、アンジェリーナ・ジョリーへのインタビューも使って、実践トレーニングを積みます。

著者：門田 修平／玉井 健
A5判書籍248ページ＋CD1枚（73分）
定価1,890円（本体1,800円＋税）

現地なま録音 アメリカ英語を聞く
手加減なしの街の人の声で大特訓！

しっかり予習してアメリカに行ったのに、「全然聞き取れなかった」とショックを受けて帰国することが多いのは、スタジオ録音と生の英語のギャップが原因。NYとワシントンで録音してきた現地英語は、周囲の騒音やなまり、さまざまな音変化のオンパレード。3段階トレーニングで、本物の音を徹底攻略します。

著者：西村友美／中村昌弘
A5判書籍167ページ＋CD1枚（52分）
定価1,890円（本体1,800円＋税）

全国の書店で発売中！　www.cosmopier.com

出版案内

英単語 語源ネットワーク
語彙力アップの決め手が語源!

英語上級者に単語を覚えた秘訣を聞くと、異口同音に出てくるのが語源。ギリシャ語、ラテン語、ゲルマン語にさかのぼる英語の語源にはドラマがあります。丸暗記は不要。単語の意味を決定する語根と接頭辞からネットワーク的に覚えていく方法は、忘れにくいうえに未知語への応用が利く王道。

著者:クリストファー・ベルトン／長沼 君主
翻訳:渡辺 順子
A5判書籍228ページ
定価1,890円（本体1,800円+税）

田中茂範先生のなるほど講義録①
そうだったのか★英文法
こんなふうに、中学、高校で習っていたら……

ネイティブにとって文法とは、知らないうちに獲得した直観。「決まり事だから覚えなさい」ではなく、「もっとわかりやすくシンプルに説明できるはず」という著者の思いを形にした1冊。日本人がいだくさまざまな疑問に、授業スタイルの話し言葉で合理的に回答します。冠詞も時制も、やっかいな助動詞も読めば納得。

著者:田中 茂範
B6判書籍262ページ
定価1,575円（本体1,500円+税）

めざせ!100万語
英語多読入門
やさしい本からどんどん読もう!

「辞書は引かない」「わからないところはとばす」「つまらなければやめる」の多読三原則に従って、ごくやさしい本からたくさん読むことが英語力アップの秘訣。本書を読めば、多読の大きな効果とその根拠、100万語達成までの道のりのすべてがわかります。洋書6冊を本誌に収め、CDには朗読を収録。

監修・著:古川 昭夫
著者:上田 敦子
A5判書籍236ページ+CD1枚（50分）
定価1,890円（本体1,800円+税）

ジャズで学ぶ英語の発音
スタンダード曲を歌えば、みるみる上達!

「チーク・トゥ・チーク」「ルート66」「慕情」など、すべての英語の発音のポイントを網羅する10曲を選定。発音だけでなく、相手に効果的に伝える表現力も身につきます。CDには著者のノリのいいDJ風講義、ヴォーカリストたちの「練習前」「練習後」の発音、練習の成果を発揮する歌を収録。

著者:中西 のりこ／中川 右也
A5判書籍188ページ+CD-ROM（mp3音声150分）
定価2,205円（本体2,100円+税）

英語で読む 罪と悪の聖書
聖書は欧米社会に根付いた文化の一部

聖書に登場するのは神のように完璧な人ばかりではなく、憎しみや悩みをもった人たちが生身の人間ドラマを繰り広げています。キリスト教圏ではどのように「罪」の意識が形成され、「悪」に対する観念が定着するのかを、聖書のいろいろな場面から見ていきます。ニュース記事からの引用も豊富。

著者:石黒マリーローズ
B6判書籍206ページ
定価1,365円（本体1,300円+税）

アメリカの小学校に学ぶ 英語の書き方
ライティングにはメソッドがある

アメリカでは「自分の言いたいことを明確に伝える」手段として、低学年からライティングを学びます。スペルミスだらけの意味不明の文を書いていた子どもが高学年になると論理的な長文を書くようになるプロセスは、日本人の大人にとってもお手本。誌上に授業の様子を再現し、さまざまなメソッドを紹介します。

著者:リーパーすみ子
A5判書籍156ページ
定価1,470円（本体1,400円+税）

全国の書店で発売中!　www.cosmopier.com

出版案内

完全保存版 オバマ大統領演説
キング牧師のスピーチも全文収録！

オバマ大統領の就任演説、勝利宣言、いまや伝説の民主党大会基調演説など5本の演説を全文収録。キング牧師「私には夢がある」演説、ケネディ大統領就任演説も肉声で全文収録。さらにリンカーンとルーズベルトも加えた決定版。英文・対訳・語注とそれぞれの演説の背景解説を付けています。

コスモピア編集部 編
A5判書籍192ページ＋
CD2枚（70分、62分）
定価1,554円（本体1,480円＋税）

オバマ大統領 再選勝利演説
1期目と聞き比べてみよう！

激戦を制して2期目の当選を決めたオバマ大統領。勝利演説とそれに先立つ民主党全国大会の指名受諾演説を全文収録し、ミシェル夫人のこれも堂々たる演説、ロムニー候補とのTVディベートの抜粋を加えました。2期目に臨むオバマ政権の課題、スピーチの技術やことばの力を分析した解説とともにお届けします。

コスモピア編集部 編
A5判書籍148ページ＋
CD1枚（78分）
定価1,260円（本体1,200円＋税）

ダボス会議で聞く 世界がわかる英語
世界18カ国の英語をリスニング！

「世界経済」「アジア」「21世紀のグローバルな課題」の3つのテーマのもと、ビル・ゲイツ、グーグルのエリック・シュミットをはじめ、アジア、中近東、アフリカ、欧州など、世界18カ国、28名のリーダー達の英語スピーチを収録。世界情勢の知識を増やし、生きた時事英語をマスターすることができます。

著者：柴田 真一
A5判書籍208ページ＋
CD1枚（69分）
定価2,205円（本体2,100円＋税）

ダボス会議で聞く世界の英語
ノンネイティブの英語をリスニング！

緒方貞子、マハティール、アナン、ラーニア王妃など、ノンネイティブを中心に20カ国、26名の政財界のリーダーのスピーチを集めました。地球温暖化、テロ、エネルギー資源といった、世界共有のテーマの多種多様な英語のリスニングに挑戦し、自分らしい英語を堂々と話す姿勢を学び取りましょう。

著者：鶴田 知佳子／柴田 真一
A5判書籍224ページ＋
CD1枚（64分）
定価2,205円（本体2,100円＋税）

仕事で使う英会話
シャドーイングで耳から鍛える！

多くの企業が海外に活路を求めるいま、英語力のニーズはかつてないほど高まっています。本書は会議、商談、電話、海外出張など、57場面の会話をシャドーイングでそっくり身につけようというもの。「考えておきます」から生じる認識の違いなど、国際ビジネスに不可欠な背景知識もアドバイス。

著者：アレックス M.林／
　　　八木 達也
A5判書籍154ページ＋
CD1枚（54分）
定価1,680円（本体1,600円＋税）

世界経済がわかる リーダーの英語
ダボス会議の白熱のセッションに学ぶ！

カルロス・ゴーン、キャメロン英首相、フェイスブックのサンドバーグCOOをはじめとする、政財界のリーダー27名の英語スピーチをダボス会議から選定。欧州経済危機、中国やインドの動向などに関するセッションの背景解説から始まり、英文、和訳、語注、キーワード解説、専門用語リストを付けています。

著者：柴田 真一
A5判書籍204ページ＋
CD1枚（66分）
定価2,205円（本体2,100円＋税）

全国の書店で発売中！　　　www.cosmopier.com

コスモピア　出版案内

TOEIC®テスト
超リアル模試600問
カリスマ講師による究極の模試3回分！

600問の問題作成、解説執筆、音声講義のすべてを著者自らが手掛け、細部まで本物そっくりに作り込んだリアル過ぎる模試。各問の正答率、各選択肢の誤答率、難易度を表示し、予想スコアも算出。わかりやすさで定評のある解説は持ち運びに便利な3分冊。花田先生の音声解説67分も収録した決定版。

著者：花田 徹也
A5判書籍530ページ+
CD-ROM（MP3音声202分）

定価1,890円
（本体1,800円+税）

新TOEIC®テスト
出る語句1800
ショートストーリーの中で覚える！

1冊まるごとビジネスのストーリー仕立て。PART3形式の短い会話、PART4形式のスピーチやアナウンスの中に、最新のデータから選出した頻出語句が4つずつ入っています。ストーリーの流れに沿って関連語が次々と登場するので、記憶への定着度は抜群。単語の使い方ごと身につきます。

著者：早川 幸治
B6判書籍284ページ+
CD2枚（47分、52分）

定価1,680円
（本体1,600円+税）

TOEIC®テスト
出まくりキーフレーズ
直前にフレーズ単位で急速チャージ！

TOEICテストの最頻出フレーズ500を、わずか1時間で耳から急速チャージします。フレーズを盛り込んだ例文は、試験対策のプロ集団がじっくり練り上げたもので、例文中のキーフレーズ以外の単語もTOEICテストやビジネスの必須単語ばかり。ひとつの例文が何倍にも威力を発揮する、まさに短期決戦の特効薬です。

著者：英語工房
B6判書籍188ページ+
CD1枚（57分）

定価1,575円
（本体1,500円+税）

新TOEIC®テスト
出まくり英文法
英文法も例文ごと耳から覚える！

TOEICテストを実際に受験し、最新の出題傾向を分析し続けている「英語工房（早川幸治、高橋基治、武藤克彦）」の第2弾。PART5とPART6に頻出する文法項目64について、TOEICテスト必須語彙や頻出フレーズを盛り込んだ例文を作成し、CDを聞きながら例文ごと脳に定着させます。

著者：英語工房
B6判書籍200ページ+
CD1枚（58分）

定価1,575円
（本体1,500円+税）

TOEIC®テスト
出まくりリスニング
PART2・3・4対応の音の回路をつくる！

リスニング問題によく出る「決まった言い回し」を繰り返し聞き込むと、音声が流れてきた瞬間に情景が思い浮かぶようになります。会話の基本でもあるPART2のA→B形式の応答を300セット用意。さらにPART3タイプは40、PART4タイプを20収録し、頭の中に「音の回路」を構築することでスコアアップに直結させます。

著者：神崎 正哉
B6判書籍187ページ+
CD1枚（64分）

定価1,575円
（本体1,500円+税）

新・最強の
TOEIC®テスト入門
「見れば」すぐにポイントがわかる！

「全文を読むな」「動作だけを聞いても正解を選べる」「最初の数行に1問目の答えがある」というように、61の出題パターンをズバズバ提示。具体的な例題に沿いながら、解答のフローをページ見開きでわかりやすく示します。初受験で500点獲得、2回目以降の人は150点アップが目標です。

著者：塚田 幸光／
横山 仁視　他
A5判書籍260ページ+
CD1枚（59分）

定価1,890円
（本体1,800円+税）

全国の書店で発売中！　　www.cosmopier.com

通信講座　CosmoPier

研修採用企業700社超！目標スコア別通信講座

TOEIC®テスト スーパー入門コース

まずはリスニングからスタート。「聞くこと」を通して、英語の基礎固めとTOEICテスト対策の2つを両立させます。

開始レベル	スコア300点前後または初受験
目標スコア	400点台
学習時間	1日20分×週4日
受講期間	3カ月
受講料	14,700円（税込）

TOEIC®テスト GET500コース

英語を、聞いた順・読んだ順に英語のまま理解する訓練を積み、日本語の介在を徐々に減らすことでスコアアップを実現します。

開始レベル	スコア400点前後
目標スコア	500点台
学習時間	1日20分×週4日
受講期間	3カ月
受講料	20,790円（税込）

TOEIC®テスト GET600コース

600点を超えるには時間との闘いがカギ。ビジネスの現場でも必須となるスピード対策を強化し、さらに頻出語彙を攻略します。

開始レベル	スコア500点前後
目標スコア	600点台
学習時間	1日30分×週4日
受講期間	4カ月
受講料	29,400円（税込）

TOEIC®テスト GET730コース

ビジネス英語の実力をつけることで、730点を超えるコース。特に長文パートの攻略に重点を置き、速読と即聴のスキルを磨きます。

開始レベル	スコア600点前後
目標スコア	730点以上
学習時間	1日40分×週6日
受講期間	4カ月
受講料	36,750円（税込）

監修　田中宏昌　明星大学教授

NHK「ビジネス英会話」「英語ビジネスワールド」の講師を4年にわたって担当。ビジネスの現場に精通している。

●大手企業でも、続々と採用中！
【採用企業例】
NEC／NTTグループ／三菱東京UFJ銀行／大同生命保険／いすゞ自動車／旭化成／京セラ／伊藤園／エイチ・アイ・エス／アスクル 他

まずはパンフレット（無料）をご請求ください　*本書はさみ込みのハガキが便利です。
www.cosmopier.com

〒151-0053　東京都渋谷区代々木4-36-4　TEL 03-5302-8378　FAX 03-5302-8399
主催　コスモピア

TOEIC is a registered trademark of Educational Testing Service(ETS). This product is not endorsed or approved by ETS.